DE

LA TRANSPORTATION

DES

RÉCIDIVISTES INCORRIGIBLES

PAR

CHARLES BERTHEAU

Docteur en droit,

Procureur de la République à Romorantin.

PARIS

LIBRAIRIE A. MARESCQ AINÉ

A. CHEVALIER-MARESCQ, GENDRE ET SUCCESSEUR

20, RUE SOUFFLOT, 20

au coin de la rue Victor-Cousin.

1882

DE LA TRANSPORTATION

DES RÉCIDIVISTES INCORRIGIBLES

DE

LA TRANSPORTATION

DES

RÉCIDIVISTES INCORRIGIBLES

PAR

CHARLES BERTHEAU

Docteur en droit,

Procureur de la République à Romorantin.

—————

PARIS

LIBRAIRIE A. MARESCQ AINÉ

A. CHEVALIER-MARESCQ, GENDRE ET SUCCESSEUR

20, RUE SOUFFLOT, 20

au coin de la rue Victor-Cousin.

—

1882

DE LA TRANSPORTATION

DES

RÉCIDIVISTES INCORRIGIBLES

AVANT-PROPOS.

Depuis un demi-siècle, le nombre des récidivistes a augmenté en France dans une proportion effrayante; on peut même dire que cette augmentation est devenue une véritable plaie sociale. Aussi l'opinion publique s'est-elle vivement émue d'un tel état de choses : tous les organes de la presse, dive corps élus, comme les conseils généraux et les conseils d'arrondissement, réclament des mesures énergiques et promptes contre l'envahissement du mal.

L'administration a procédé récemment à une enquête ayant pour objet (non pas de constater l'étendue du mal; qu'elle connaît de longue date), mais de rechercher les remèdes qu'il conviendrait d'y apporter. Nombre de bons esprits sont persuadés qu'il faut, à tout prix, purger le sol national en expatriant les récidivistes incorrigibles; mais, si tel est le remède, il est nécessaire qu'une loi le mette aux mains de l'administration.

Déjà la loi du 5 juin 1875 a réformé notre système pénitentiaire en ordonnant que toutes les prisons départementales soient transformées en maisons cellulaires; il est vrai que, si

1

les départements ne mettent pas dans l'avenir plus d'empressement que dans le passé à satisfaire aux prescriptions de cette loi, la transformation ne pourra être accompli sur toute l'étendue de notre territoire que dans un temps assez éloigné.

Nous nous proposons de rechercher s'il y a lieu, sans attendre les résultats que devra produire la mise en vigueur de la loi de 1875, de transporter d'urgence, dans une de nos possessions d'outre-mer, les repris de justice qui se sont montrés rebelles à toute tentative de moralisation. Le principe étant admis, nous examinerons dans quelle mesure et en quel lieu il devra recevoir son application, et enfin quel devra être le régime des transportés.

Heureux si le travail auquel nous nous sommes livré peut faire avancer d'un pas la solution d'un problème qui intéresse au plus haut degré la sécurité des citoyens paisibles et laborieux, et l'avenir même des milliers de repris de justice qui infestent le territoire de la mère patrie!

CHAPITRE I.

DE L'ACCROISSEMENT DE LA CRIMINALITÉ ET DE LA RÉCIDIVE.

Chaque année le ministère de la justice et celui de l'intérieur publient, l'un, le compte général de l'administration de la justice criminelle, et l'autre, le compte rendu de l'exécution des peines autres que les travaux forcés, pendant l'année précédente. Ces documents, rédigés avec une rigoureuse exactitude, permettent de suivre pas à pas le mouvement de la criminalité; mais les résultats qu'on obtient ainsi font plus d'honneur aux statisticiens qu'ils ne donnent de satisfaction aux moralistes : ils apprennent, en effet, que le nombre des délits et des crimes, punis annuellement par les tribunaux correctionnels et les cours d'assises, a quadruplé depuis le commencement du siècle.

Mais ce qui est surtout effrayant, c'est la rapidité avec laquelle s'accroît, parmi les condamnés, la proportion des récidivistes. Ainsi, celle des *accusés* récidivistes, qui n'était que de 28 0/0 en 1850, s'est élevée à 42 0/0 en 1869 et à 50 0/0 en 1879; celle des prévenus récidivistes est montée, de 20 0/0 en 1850, à 38 0/0 en 1869 et à 40 0/0 en 1879.

Au cours de cette dernière année, les cours d'assises ont été appelées à juger 4,347 accusés, parmi lesquels se trouvaient 2,434 célibataires, 283 gens sans aveu et 406 individus non domiciliés. De leur côté, les tribunaux correctionnels ont jugé, en 1879, 167,147 prévenus. Dans l'énumération des diverses natures de délits qui ont motivé les poursuites, nous remarquons 10,639 délits de vagabondage, 6,799 délits de mendicité et 32,943 vols simples. De 1875 à 1879, dans l'espace de quatre années seulement, le nombre de ces trois sortes de délits s'est accru de 2,210 pour les vagabondages, de 426 pour la mendicité et de 2,923 pour les vols.

Plus d'un cinquième des repris de justice, jugés et condamnés de nouveau en 1879, avaient déjà subi des condamnations supérieures à une année d'emprisonnement; on en a compté 15,589 qui, tous ou presque tous, avaient déjà commis de graves méfaits : c'est une véritable armée de malfaiteurs. En tout cas, c'est une armée qui ne tend pas à diminuer, car elle comptait, en 1879, 1,634 membres de plus qu'en 1876.

Les prévenus parmi lesquels on trouve le plus de récidivistes sont les prévenus de rupture de ban (78 0/0), de vagabondage (71 0/0), de mendicité (66 0/0), de vol (48 0/0), d'escroquerie (46 0/0), d'abus de confiance (43 0/0), et de délits contre les mœurs (32 0/0). On voit par là que les mendiants, les vagabonds et les libérés qui rompent leur ban sont, en grande majorité, des *délinquants d'habitude;* qu'il en est de même pour la moitié environ des voleurs et des escrocs. Ceux qui commettent les fautes les plus graves sont donc aussi ceux qui commettent les fautes les plus nombreuses.

Considérons maintenant la récidive dans ses rapports avec le régime pénitentiaire.

Les individus condamnés aux travaux forcés à temps ou à perpétuité sont actuellement transportés dans l'île de la Nouvelle-Calédonie, en exécution de la loi du 31 mai 1854; le nombre de ceux qui sont rapatriés après leur libération étant très restreint, il est superflu de rechercher quelle proportion de récidivistes on rencontre parmi eux. La statistique ne s'occupe pas non plus des condamnés qui ont subi leurs peines dans les prisons départementales, c'est-à-dire dans les prisons sises aux chefs-lieux de département et aux chefs-lieux d'arrondissement. Ces peines sont, en effet, trop nombreuses et de trop courte durée pour pouvoir être étudiées utilement dans leurs résultats.

Il ne reste donc que les libérés des maisons centrales dont nous puissions nous occuper. Sur 100 hommes sortis de ces maisons en 1850, 33 seulement avaient été repris dans le cours de cette même année ou dans les deux années suivantes; pour les femmes le rapport était moins élevé, il n'était que 23 0/0. En 1869, la proportion à l'égard des libérés de 1867 était déjà de 43 0/0 hommes, de 31 0/0 femmes. En 1879, elle était, à l'égard des libérés de 1877, de 39 0/0 hommes et de 18 0/0 femmes. Il semble, d'après ce calcul, que parmi les libérés des maisons centrales il y ait tendance à la moralisation, à l'amélioration.

Mais si la proportion des libérés — repris dans les trois ans de leur libération — a diminué dans ces derniers temps, en revanche le nombre des condamnations encourues par ceux qui ont été repris a singulièrement augmenté. Ainsi, si nous prenons les condamnations pour base de notre calcul, nous arrivons à la proportion de 87 0/0. Cet accroissement tient à ce que, parmi les 2,769 libérés des deux sexes de 1877, repris avant la fin de 1879, 1,406 avaient été repris une fois, 679, deux fois, 324, trois fois, 176, quatre fois, 84, cinq fois, 45, six fois, 27, sept fois, 11, huit fois, 8, neuf fois, 7, dix fois, 1, douze fois et 1, quatorze fois, dans cet intervalle de trois années au plus. On voit par là qu'un bon nombre de récidivistes vivent en guerre ouverte avec la société, violant sans cesse les lois qui la protègent.

La statistique prouve également que l'amendement des détenus ne s'obtient, en général, qu'après une détention de longue durée. En effet, le chiffre proportionnel des récidivistes ne dépasse pas 31 0/0 parmi les libérés des sept maisons centrales d'Aniane, de Beaulieu, de Casabianca, de Castelluccio, de Chiavari, de Melun et de Riom ; or c'est dans ces maisons que sont subies les longues peines. Au contraire, pour les libérés des maisons où sont subies les peines d'une durée inférieure à deux ans, la proportion des récidives s'élève ordinairement à 40 0/0, et même à 44 et 46 0/0 à l'égard des libérés d'Albertville et de Loos.

Ces données de la statistique sont d'une haute et triste éloquence ; un commentaire, quel qu'il soit, en diminuerait la valeur.

L'entretien des prisons grève chaque année le budget national d'une dépense de 30,000,000 de francs. La France consacre donc à la nourriture, à l'habillement et à la surveillance des condamnés une somme presque aussi considérable qu'à l'instruction publique. Les cours d'assises et les tribunaux correctionnels répriment sévèrement les crimes et délits dont la connaissance leur est déférée ; l'administration enfin veille scrupuleusement à l'exécution des peines. Cependant la criminalité fait chaque jour des progrès, et le nombre des récidivistes, parmi ceux que la justice a déjà flétris, s'accroît sans cesse ! Voilà donc le fruit des lourds sacrifices que l'État s'impose pour l'amendement des coupables, le bienfait de nos

lois pénales, le résultat des efforts des nombreux fonction·
naires chargés d'en assurer l'application !

CHAPITRE II.

DES VICES DE NOTRE ORGANISATION PÉNITENTIAIRE. — DES INCORRIGIBLES.

Il est une vérité que nul n'ignore aujourd'hui, c'est que nos
prisons, dont le séjour devrait inspirer aux détenus un salutaire recueillement, l'amour du travail et le retour au bien,
sont devenues de véritables *écoles du vice*. C'est là une vérité
tristement banale, qui ne suscite pas plus d'incrédules que le
système de la rotation de la terre autour du soleil; c'est presque un axiome.

Ainsi l'institution des prisons donne des résultats contraires
à ceux que la société est en droit d'en attendre; elle se trouve
retournée contre son but. Les condamnés chez lesquels tout
bon sentiment n'est pas encore étouffé sortent des prisons
plus mauvais qu'ils n'y sont entrés. Cet état de choses ne tient-
il pas à l'organisation matérielle des maisons d'arrêt ou de
justice, des maisons de correction et des maisons centrales, où
se trouve agglomérée une population dont les éléments sont
tout à fait disparates au point de vue de la moralité?

Pour faire comprendre les vices de cette organisation, il
nous suffira d'en exposer sommairement les principes.

Dans les prisons départementales, il existe généralement
un quartier séparé, où sont enfermés les mineurs de seize ans;
nous disons *généralement*, car quelques-unes en sont privées.
Mais les directeurs de ces dernières, mus par un sentiment
d'humanité qu'on ne saurait trop louer, donnent asile aux
enfants qui leur sont confiés, soit dans quelque recoin inoc-
cupé, soit même dans leur logement particulier.

En dehors de cette séparation, les seules qui soient rigou
reusement observées sont : 1° celle des individus condamné.
à un emprisonnement d'un an au plus et des individus condamnés à un emprisonnement d'une durée supérieure à une
année, les uns subissant leur peine dans les prisons départe‐
mentales, et les autres dans les prisons centrales; 2° cell
des hommes et des femmes.

Tous les adultes (âgés de plus de seize ans) vivent donc ordinairement en commun, dans la promiscuité la plus complète
et la plus immorale, soit de jour, soit de nuit, pendant le travail et pendant les récréations, comme pendant le temps du
sommeil. Il en est de même pour les femmes adultes.

Nous dirons même plus : les maisons centrales destinées
aux hommes sont bien complètement distinctes des maisons
destinées aux femmes ; mais les maisons départementales renferment des condamnés des deux sexes. Hommes et femmes
habitent donc sous le même toit, bien que renfermés les uns et
les autres dans des quartiers spéciaux. Malgré la surveillance
continuelle exercée par les gardiens, des communications
s'établissent parfois entre eux au moment où ils changent
d'exercice ; il serait donc bien préférable qu'il existât une prison séparée pour chaque sexe.

Nous devons ajouter que certaines prisons départementales,
récemment construites ou transformées, possèdent des quartiers distincts pour les prévenus et pour les condamnés. Mais
ce qui prouve que la distribution et l'agencement des prisons
ne relèvent pas d'un système bien établi, c'est qu'il en existe
150 divisées par quartiers et 140 qui ne le sont pas.

De 1830 à 1848, plusieurs prisons furent construites d'après
le système cellulaire importé de Philadelphie. En 1848, on comptait dans le département de la Seine et dans d'autres départements 87 prisons cellulaires comprenant 7,570 cellules. De
1848 à 1875, non seulement on n'a plus construit de prisons suivant ce système, mais on l'a même à peu près abandonné dans

les prisons où il existait antérieurement, de sorte qu'à cette dernière date il n'était plus appliqué que dans trois prisons de Paris, à Mazas pour les prévenus, à la Conciergerie pour les accusés, et à la Santé pour certaines catégories de condamnés arbitrairement choisies, et enfin à Tours dans le quartier réservé aux femmes.

Par une circulaire du 17 avril 1853, M. de Persigny, alors ministre de l'intérieur, prescrivit la division des prisons en quinze quartiers pour les hommes et quinze quartiers pour les femmes. Mais cette circulaire, dont l'inspiration n'était pas heureuse, n'a été appliquée que dans un très petit nombre d'établissements.

Par ce court exposé, il est facile de voir que, suivant l'expression de M. d'Haussonville, « le système pénitentiaire est en France affaire de clocher. »

Mais ce qu'il importe de bien remarquer, c'est qu'en 1875, date à laquelle l'Assemblée nationale a voté l'établissement du régime cellulaire dans les prisons départementales, la promiscuité entre les détenus régnait aussi bien dans les maisons centrales que dans celles dont nous venons de parler.

Cependant la population si considérable que renferment nos établissements pénitentiaires se compose de deux éléments bien distincts au point de vue de la perversité et de l'immoralité : les uns ont failli par *accident*, les autres par *habitude*.

Les premiers, sous l'empire d'une violente passion qu'ils n'ont pas su vaincre, comme la colère, la haine, la cupidité, ont commis un délit, un crime plus ou moins grave qu'ils regrettent amèrement, mais que la justice humaine les condamne à expier. Les derniers, au contraire, ont longuement médité et préparé les méfaits dont ils se sont rendus coupables. Oublieux de tous leurs torts envers la société, ils n'on conservé que le souvenir amer des nombreux châtiments

qu'elle leur a infligés. Tous les bons sentiments ont été étouf-
fés dans leur âme par le vice qui s'y est développé à son aise :
semblables en tout point à la bête brute, ils n'ont plus que des
appétits. Ce sont les incurables de la prison, les incorrigibles.

Prenons, par exemple, une prison départementale conte-
nant 50 hommes. Si nous consultons le casier judiciaire de
ces 50 individus, nous en trouverons peut-être 45 qui ont
subi une, deux ou trois condamnations au plus. Celui-ci porte
a peine d'une rébellion commise dans un moment de surexcitation envers les agents de la force publique ; celui-là est
détenu pour avoir enlevé quelques gerbes de blé dans le
champ de son voisin. Tel est momentanément privé de sa
liberté pour avoir chassé ou pêché avec des engins prohibés ;
tel autre gémit sous les verrous pour avoir outragé les lois de
la pudeur dans un moment d'oubli. Peut-être existe-t-il dans
le nombre quelques prévenus qui n'ont pas d'antécédent
judiciaires et qui bénéficieront bientôt d'une ordonnance de
non-lieu, d'un jugement ou d'un arrêt d'acquittement. Ad-
mettons, si l'on veut, que tous ces gens soient coupables ; en
revanche, on nous accordera que la plupart d'entre eux, en
franchissant le seuil de la prison, s'étaient bien promis d'en
sortir meilleurs.

Malheureusement, ils ont compté sans leurs hôtes, et leurs
hôtes, ce sont leurs cinq camarades, habitués de ces lieux, vrais
piliers de prison, brebis galeuses qui menacent le troupeau
tout entier de la contagion ; ce sont des mendiants valides,
des vagabonds, des voleurs de profession.

Ils ont, du reste, de brillants états de services ; leur casier
judiciaire en fait foi. Déjà ils ont comparu dix fois, vingt fois,
trente fois, quarante fois peut-être, sur les bancs de la police
correctionnelle ou de la cour d'assises, pour y répondre de
faits qui dénotent tous leur corruption profonde.

Aussi fiers de leurs fautes que leurs camarades en sont con-
fus, ils portent la tête haute et parlent d'un ton hautain. La

prison est leur domaine ; là ils se sentent forts, ils sont chez eux.

Ils vomissent le blasphème contre les honnêtes gens qu'ils ont dépouillés et qui ont porté plainte contre eux, contre les magistrats qui leur ont fait une application de la loi, plutôt bienveillante que sévère, et contre les agents dévoués préposés à leur surveillance. Ils n'ont d'autre préoccupation que d'enseigner à leurs camarades le mépris des règlements de la prison et des lois en général ; les propos les plus grossiers et les plus obscènes leur sont familiers. Si quelque novice veut élever la voix et se récrier contre toutes les infamies qu'ils lui prêchent, vite ils lui imposent silence, soit en le tournant en ridicule, soit plutôt en proférant des menaces contre lui. Souvent même ils vont plus loin. Abusant de la timidité ou de la faiblesse des jeunes détenus, ils se livrent sur leur personne à des actes d'une immoralité révoltante. Ces scènes immondes sont fréquentes dans les dortoirs où les détenus ne sont pas surveillés.

Le principal but de toute peine est évidemment l'amendement du coupable auquel elle est infligée. Or, c'est un fait constant, avéré, reconnu par tous ceux qui ont pu étudier les mœurs des prisonniers, que chaque prison départementale renferme un certain nombre de condamnés récidivistes qui non seulement ne s'y amendent pas, mais qui s'évertuent sans cesse à corrompre leurs codétenus par leurs funestes conseils, par leurs déplorables exemples. Trop souvent, hélas leurs efforts sont couronnés de succès, trop souvent ils parviennent à former à leur image et à leur ressemblance quelques-uns de leurs compagnons de captivité. Aussi, bien des condamnés qui sont encore accessibles au repentir lors de leur incarcération, se trouvent complètement pervertis après quelques mois d'emprisonnement. Tous les établissements de ce genre abritent donc à la fois des professeurs fervents de la science du mal et des élèves dociles, et l'on a mille fois raison de répéter sans cesse qu'ils sont devenus de véritables *écoles du vice*. On pourrait appliquer à ceux qui y entrent ce vers fameux gravé sur les portes de l'Enfer du Dante : « Vous qui entrez ici, laissez toute espérance. »

C'est là que se forment ces terribles associations de malfaiteurs qui font retentir les salles d'audience des tribunaux correctionnels et des cours d'assises du bruit de leurs exploits.

Nous venons de voir comment ces récidivistes incorrigibles, atteints pour ainsi dire de la lèpre morale, mettent à profit leur séjour dans la prison; recherchons maintenant quelle existence ils mènent dès qu'ils sont rendus à la liberté.

Est-il besoin de dire qu'aucun d'eux ne se livre à un travail honnête et régulier? Le travail, cette sainte loi du monde, comme l'appelle Lamartine, n'a plus le moindre attrait à leurs yeux; ils ont juré de ne jamais lui demander des moyens de pourvoir à leur subsistance et ils tiennent leur serment. Cependant ils sont dénués de toute ressource; ils n'ont ni pain, ni logement et sont à peine vêtus de quelques misérables haillons. Que vont-ils donc devenir?

« Trahit sua quemque voluptas. »

Quelques-uns vont chercher un repaire dans les faubourgs des grandes villes, et l'on sait comment ils y vivent : le jour, ils mendient, fréquentent des tavernes obscures qui leur servent de rendez-vous, flânent sur les bancs des squares et des promenades publiques, ou bien se livrent à mille petites industries qui n'ont pas de nom dans le langage des honnêtes gens. La nuit venue, ils se font souteneurs de filles et voleurs : ils guettent, au coin des ruelles et des passages peu fréquentés, les citoyens paisibles qui se sont attardés hors de leur domicile; ils les terrassent, les dévalisent et quelquefois font pis encore.

Les autres, entraînés par leur humeur voyageuse, parcourent les campagnes dans tous les sens, recherchant de préférence les hameaux et les fermes isolées. Le plus souvent ils y arrivent à la nuit tombante, parlent aux gens d'une voix arrogante et, puissamment secondés par la frayeur qu'ils inspirent, ils en obtiennent au gré de leurs désirs bon souper et bon gîte. Si parfois quelque fermier, quelque paysan leur reproche leur paresse et s'avise de se montrer récalcitrants ils le mettent rapidement à la raison par quelque menace mal dissimulée. Lorsqu'un cultivateur leur offre du travail, ils se donnent comme ouvriers cordonniers, tailleurs, charpentiers, etc.... lorsque l'offre vient d'un artisan, ils se disent valets de ferme.

Mais cette existence oisive et errante n'est pour eux qu'un pis aller. Ce qu'ils cherchent, ce n'est pas le spectacle d'un monde toujours divers, toujours nouveau, mais bien l'occasion de commettre quelque méfait qui leur procure une bonne aubaine. Parfois, rencontrant une métairie cachée dans une vallée ou au milieu des bois, ils épient le moment où les gens qui l'habitent sont tous occupés aux travaux des champs, s'introduisent à l'aide d'escalade et d'effraction dans la maison d'habitation et font main basse sur l'argent et les autres objets à leur convenance. La nuit, ils rôdent souvent autour des fermes mal closes et vont faire leur choix dans les basses-cours.

Leur audace criminelle ne s'arrête pas là ; non contents de commettre des attentats contre les propriétés, ils en commettent aussi contre les personnes.

Sans doute, pour des vols accompagnés de circonstances aggravantes et pour des homicides, la transportation peut les atteindre, dans l'état actuel de nos lois. Mais il ne faut pas oublier que les criminels les plus difficiles à découvrir et à atteindre sont les gens sans aveu et sans domicile, qui s'éloignent à la hâte du théâtre de leurs exploits. Établir leur identité, les faire arrêter, les faire reconnaître par les témoins qui les auront remarqués par hasard, démontrer enfin la fausseté des *alibi* qu'ils invoquent, c'est une tâche des plus ardues devant laquelle viennent échouer en maintes circonstances les investigations de la justice.

La présence de ces individus sur notre sol, qu'ils soient libres ou captifs, constitue donc un danger permanent.

Pour montrer de quels éléments bizarres se compose la population d'une prison départementale, nous avons relevé sur les registres d'écrou de la maison d'arrêt et de correction de Romorantin les noms des *hommes* détenus le 30 octobre 1881, à l'heure même où nous écrivons ces lignes. Nous y avons trouvé cinq prévenus et onze condamnés. Nous donnons leurs noms ci-dessous en mettant en regard le nombre et les causes des condamnations que chacun d'eux a encourues, à l'exception toutefois des condamnations pour chasse et blessures par imprudence, qui n'ont aucun caractère infamant.

NOMS	CONDAMNATIONS	
	Nombre	CAUSES.
Prévenus. Arnould....................	»	»
Devautour.................	»	»
Gaudeix....................	1	Abus de confiance.
Petat......................	1	Vol.
Bertrand..................	5	Vol, vagabondage et mendicité.
Huet......................	1	Rébellion.
Franquet.................	1	Menaces.
Bauer.....................	1	Complicité de vol.
Delattre..................	2	Mendicité, vagabondage.
Fauveau..................	2	Complicité de vol, coups.
Condamnés. Delrieux..................	4	Vol, mendicité, vagabondage.
Rouget....................	6	Vagabondage.
Favereau.................	16	Vol, mendicité, vagabondage.
Rénard	27	Vol, escroquerie, outrages, abus de confiance, vagabondage, rupture de ban, infraction à un arrêté d'expulsion.
Mesland..................	41	Vol, vagabondage, mendicité, rupture de ban.
Mollet....................	41	Vagabondage, mendicité, bris de clôture, rupture de ban, filouterie, outrages, voies de fait et rébellion.

La seule inspection de ce tableau montre bien qu'on ne peut plus rien attendre de bon des quatre individus qui y sont inscrits en dernier lieu. L'emprisonnement en commun leur permet évidemment d'exercer l'influence la plus pernicieuse sur leurs codétenus, et de recruter parmi eux des associés avec lesquels ils puissent faire quelque coup de main dès qu'ils auront recouvré leur liberté.

Un relevé semblable, fait dans toutes les maisons départementales, donnerait sans doute des résultats identiques, devant lesquels s'évanouiraient les illusions de ceux qui s'imaginent que le régime de l'emprisonnement est salutaire pour ceux qui y sont soumis.

On sait que la promiscuité absolue règne également parmi les femmes détenues dans les maisons départementales. Il faut reconnaître toutefois qu'elle produit chez elles, en général, des résultats moins funestes, car la proportion des incorrigibles est relativement faible de ce côté.

Les quartiers affectés aux détenues du sexe féminin contiennent un certain nombre de vagabondes, voleuses de profession et prostituées ; le commerce de ces créatures immondes n'est pas de nature à améliorer leurs codétenues. Elles ont hâte de redevenir libres de leurs actions, pour reprendre leurs habitudes invétérées de débauche et de désordre. Que de méfaits commis sous leur inspiration ! Qui pourrait dire tous les délits, tous les crimes dont elles sont au moins moralement les complices ? Il ne faut pas espérer les voir rentrer dans la voie du bien ; le travail seul pourrait les y conduire et le travail leur fait horreur.

Si nous portions nos regards sur les maisons centrales, nous y trouverions, dans les quartiers des hommes comme dans les quartiers des femmes, parmi les condamnés à l'emprisonnement comme parmi les réclusionnaires, des éléments aussi dissemblables : des vétérans de prison et des novices, les uns ayant péché par habitude et les autres par

accident. De ce que tous subissent des peines sévères (les
plus courtes ont une durée d'un an et jour), ce serait une
grave erreur de conclure que tous sont également gangrenés
par le vice. Dans le mal comme dans le bien il existe des
degrés, dit-on, et cette maxime s'applique aussi bien aux
détenus des maisons centrales qu'à ceux des maisons départementales. Citons quelques exemples : Un jeune employé,
pour pouvoir participer aux réjouissances de ses camarades
plus fortunés que lui, a détourné quelques centaines de francs
au préjudice de son patron; une fille, délaissée par son séduc-
teur, a donné la mort à son enfant nouveau-né qu'elle était
hors d'état d'élever. L'un et l'autre purgent une peine de plusieurs années d'emprisonnement, voire même de réclusion.
Dira-t-on qu'ils sont plus pervertis que la prostituée et le va-
gabond qui sont enfermés dans une maison de correction
pour quelques mois seulement ? Une telle allégation serait
paradoxale au plus haut degré.

Nous pourrions multiplier ces exemples; mais ce serait
peine perdue. Il est hors de doute, en effet, que bien des
individus qui, sous l'empire d'une violente passion, ont commis une faute grave et encouru par suite les sévérités de la
loi pénale, ne sont pas pourtant des ennemis de la société régulière, des malfaiteurs dangereux. Les condamnés de cette
catégorie forment heureusement la majorité de la population des maisons centrales. Mais ils coudoient bon nombre
de récidivistes qui les souillent de leur contact impur et
se réjouissent à la pensée de découvrir parmi eux quelques
imitateurs; de misérables aux doigts crochus, à l'âme noire,
qui sont destinés à passer perpétuellement, si la loi n'est chan-
gée, de la prison à la liberté et de la liberté à la prison, et,
dans toutes les situations, à engendrer le mal sous leurs pas.

On peut évaluer, sans exagération, à quinze ou vingt mille
le nombre de ces malfaiteurs de la pire espèce disséminés sur
tous les points du territoire de la France et dans toutes les

prisons, et qui forment cependant une redoutable légion. Les magistrats et les agents de l'administration pénitentiaire, qu reçoivent leurs fréquentes visites, les apprécient à leur juste valeur, en voyant leur casier judiciaire. Les uns les condamnent et les autres les écrouent avec un découragement profond, convaincus que leur retour au bien est impossible et que leur présence dans les prisons constitue un danger sérieux pour l'ordre et la discipline, un obstacle invincible à l'amendement des autres détenus.

CHAPITRE III.

DES CAUSES DIVERSES DE L'AUGMENTATION DE LA CRIMINALITÉ ET DU NOMBRE DES RÉCIDIVES. — DES MODIFICATIONS SUCCESSIVES DU SYSTÈME PÉNITENTIAIRE.

Nous avons établi dans les chapitres précédents que, depuis le commencement du siècle, la criminalité avait augmenté en France dans une terrible proportion, que la récidive avait suivi la même marche progressive, et qu'enfin certains récidivistes, à peine libérés, consacraient tous leurs loisirs à attirer sur leur tête de nouveaux châtiments. Une semblable situation n'est pas de nature à rassurer ceux qui s'intéressent à la grandeur et à la prospérité de notre chère patrie.

Le rôle des *incorrigibles* que nous venons d'exposer n'est évidemment pas la seule cause de la recrudescence du mal qui s'accentue d'année en année, de jour en jour. Quelles sont donc les autres causes ?

Nous abordons là une question fort complexe sur laquelle ont été émis bien des avis différents.

Quant à nous, nous sommes convaincu que les principales causes de l'augmentation de la criminalité tiennent à nos habitudes modernes, à nos mœurs, à l'accroissement du nombre des enfants naturels, des orphelins, des enfants morale-

ment abandonnés et surtout aux vices de notre organisation
pénitentiaire.

Jadis, les jeunes gens destinés à devenir des cultivateurs,
des artisans ou des commerçants (et ces trois catégories de
travailleurs ont toujours formé l'immense majorité de la population française), perdaient rarement de vue le clocher de leur
village; souvent même ils faisaient l'apprentissage de leur
métier sous le toit paternel et restaient soumis à la surveillance de leur famille. Dans notre siècle, au contraire, que
d'adolescents, persuadés que nul n'est prophète en son pays,
s'en vont chercher fortune au loin et, suivant l'expression
populaire, « entreprennent leur tour de France! » Il faut
avouer que le développement considérable pris de nos jours
par les chemins de fer favorise singulièrement ces habitudes
de pérégrinations communes aux habitants des champs et à
ceux des villes.

Certes, nous sommes loin de les blâmer, car elles sont la
condition essentielle du progrès et contribuent, pour une
large part, à augmenter la prospérité matérielle du pays.
Maintes fois aussi elles servent les intérêts particuliers. Que
de jeunes gens partis de leur petite ville, de leur village, sans
autres ressources que leur courage et leur confiance dans
l'avenir, savent, dans le commerce, dans l'industrie et dans
les carrières libérales, se créer de brillantes situations! C'est
un des plus grands bienfaits de notre temps et du régime de
liberté sous lequel nous vivons, que de permettre à tout individu de s'élever par son travail et son mérite personnel au-dessus du niveau social où sa naissance l'avait placé. Mais, pour
être juste, reconnaissons que nos habitudes sociales ont un
mauvais côté. Parmi ceux qui s'en vont au loin tenter la fortune, il en est beaucoup qui, trahis par elle, buttent contre
quelque pierre d'achoppement qui se trouve sur leur chemin.
Découragés par l'insuccès de leurs premiers efforts, ils s'éloignent peu à peu du travail, regardent tristement s'évanouir

2

tous les beaux rêves qu'ils avaient formés et se laissent étreindre par un sentiment affreux et cruel, que 'Musset appelait la *désespérance*. Ils glissent ainsi rapidement sur cette pente fatale de la misère qui, comme chacun sait, est mauvaise conseillère et entraîne bien des déclassés, bien des enfants prodigues (car tous ne rentrent pas au logis paternel) vers le déshonneur, vers la prison.

Parmi les accusés jugés par les cours d'assises en 1879, on en trouve une proportion de 41 0/0 étrangers par l'origine, 76 0/0 étrangers par le domicile au département où ils avaient été arrêtés.

Loin de nous la pensée de blâmer le brillant essor des ambitions individuelles auquel nous assistons! Nous sommes, au contraire, au nombre de ses fervents admirateurs, mais sans méconnaître les déboires, les cruelles déceptions, les chutes profondes qu'il peut occasionner.

Nos habitudes sociales contribuent donc dans une certaine mesure à augmenter le nombre des coupables que la justice a la triste mission de châtier, de flétrir. A côté de nos habitudes, nous devons ici placer nos mœurs. Qu'on n'attende pas de nous l'éloge du temps passé; car, à tout prendre, nous lui préférons le temps présent. Mais nous ne calomnierons pas nos contemporains si nous répétons, après des hommes d'État, des moralistes, que la prospérité matérielle dont nous jouissons a singulièrement développé parmi nous le goût des jouissances hâtives. Bien des gens, qui possèdent l'*aurea mediocritas* et qui devraient vivre heureux en travaillant, se créent des besoins factices que leurs modestes ressources ne leur permettent pas de satisfaire ; ils laissent ainsi peu à peu se glisser dans leurs affaires un désordre complet, dont ils ne comprennent que trop tard les funestes conséquences. Bientôt ces besoins deviennent des passions et constituent de puissants agents de démoralisation. Sous cette dénomination on pourrait classer au premier rang l'abus des boissons alcooliques chez les hommes et le goût effréné de la toilette chez les femmes.

Est-ce à dire qu'on devrait souhaiter que les métiers fabriquassent moins de brillantes étoffes et que les alambics distillassent moins d'alcools? Un pareil vœu serait absurde. Rien ne peut entraver la prodigieuse activité de l'industrie moderne. Mais les produits multiples dont elle inonde nos marchés, en même temps qu'ils favorisent le bien-être général, facilitent aussi les tendances au luxe et à la débauche. Les bienfaits de l'instruction universellement répandue, d'une éducation saine et morale, sont plus que jamais nécessaires pour faire comprendre au peuple que si, chacun a le droit de rechercher les commodités de la vie, tout le monde a le devoir de fuir les excès, l'abus des jouissances matérielles.

Mais bornons là ces considérations. En nous étendant davantage, nous sortirions du cadre que nous nous sommes tracé. Qu'il nous suffise d'avoir indiqué que le mal se trouve encore ici à côté du bien. Le bien seul doit subsister. C'est pourquoi nous appelons de tous nos vœux la mise en pratique de la loi sur l'instruction obligatoire destinée à prémunir l'enfant contre des goûts qui se développent avec l'âge et peuvent causer sa perte.

Nous abordons maintenant le troisième ordre des faits qui, à notre avis, ont une influence considérable sur l'aggravation de la criminalité ; nous voulons parler de l'abandon et de l'isolement des enfants : qu'il s'agisse des orphelins ou des enfants naturels, des enfants matériellement ou moralement abandonnés, peu importe.

Le nombre des orphelins est, à notre époque, plus considérable que jamais. Tous ces infortunés, affranchis dès l'âge le plus tendre de la puissance paternelle et confiés à des grands parents incapables de les surveiller ou à des collatéraux indifférents, succombent bien souvent aux tentations multiples qui les assaillent dès leur entrée dans la vie. Beaucoup d'entre eux, doués d'excellentes dispositions pour faire de bons citoyens, deviennent cependant des vauriens et des malfaiteurs.

A côté d'eux, il faut placer une autre catégorie de déshérités, les enfants naturels, qu'on a appelés avec raison les parias de la société. La statistique nous enseigne que leur nombre va s'accroissant sans cesse dans les campagnes et surtout dans les villes. A Paris, sur 100 naissances, on en compte environ 30 de bâtards. Dans les grands centres comme Lyon, Marseille, etc..... la proportion n'est guère moins élevée. Sans doute l'affection et les soins de leurs parents ne leur font pas toujours défaut. Mais combien en est-il parmi eux qui sont abandonnés à leurs propres inspirations! Combien qui, dès leurs premiers jours, sont voués à la misère, qui ne reçoivent, dès que les premières lueurs de leur intelligence commencent à briller, que des conseils funestes et des exemples plus funestes encore! Ceux-là ne peuvent hésiter, comme Hercule, entre le chemin du vice et celui de la vertu ; ils entrent résolument dans le premier, qui est seul ouvert devant eux ; aussi viennent-ils échouer de bonne heure dans le prétoire d'un tribunal correctionnel ou d'une cour d'assises.

Bien plus écœurant encore est le spectacle des parents dénaturés qui abandonnent leurs enfants légitimes, pour se soustraire aux charges de leur entretien. Ce cas est heureusement assez rare, nous dira-t-on; admettons-le. Mais s'il est peu d'enfants légitimes matériellement abandonnés, n'en est-il pas beaucoup qui le sont *moralement* ? Au lieu de fréquenter les salles d'asile et les écoles, ces malheureux vagabondent pendant le jour dans les rues, et le soir, en rentrant au logis, ils sont accablés de mauvais traitements et privés de nourriture. Pour vivre, ils sont obligés de recourir à la charité des voisins ou à la charité publique. Du reste, leurs parents, pour trouver en eux un gagne-pain, les dressent de bonne heure à la mendicité et à des métiers plus honteux encore. Ainsi grandissent ces pauvres êtres, rongés par le vice, étiolés dans la fleur de

leur jeunesse par les privations et les souffrances de toute
sorte. Mais ils ne peuvent oublier le mal qu'ils ont souffert
et ils s'en vengeront bientôt sur la société.

Celle-ci ne pouvait rester indifférente en face de tant de
douleurs imméritées, de tant d'enfants exposés aux sugges-
tions de la misère.

Vers 1840, deux hommes de bien, MM. Lucas et de Metz,
avaient fondé deux colonies privées destinées à recevoir des
enfants âgés de moins de seize ans que les tribunaux auraient
acquittés comme ayant agi sans discernement, sans cependant
ordonner leur remise à leurs parents. L'administration s'était
empressée de leur confier un certain nombre de ces malheureux qui jusque-là étaient cloîtrés dans les maisons centrales.
Mais on comprend que la création de ces deux maisons ne
pouvait être qu'une expérience. Aussi une loi du 5 août 1850
a-t-elle prescrit la fondation de colonies pénitentiaires destinées à recevoir les jeunes gens et les jeunes filles âgés de
moins de seize ans et renvoyés en correction par les tribunaux
ou condamnés à l'emprisonnement. Une exception est faite
dans la loi : 1° à l'égard des jeunes gens condamnés à un
emprisonnement de plus de deux ans ; 2° à l'égard des jeunes
détenus des colonies pénitentiaires déclarés insubordonnés.
Ces deux catégories doivent être détenues et élevées dans des
colonies spéciales, en France ou en Algérie.

Trois mille enfants au moins, originaires des villes en grande
partie, sont confiés annuellement à ces établissements pénitentiaires. Or, l'on a constaté qu'un grand nombre d'entre
eux ne savent ni lire ni écrire, et qu'une moitié au moins
avaient été placés, avant leur arrestation, dans une situation
telle que leur éducation avait été négligée et même compromise par les mauvais exemples. Des documents officiels ont
permis en outre d'établir qu'un quart seulement de ces
enfants,dont la perversion est si précoce, étaient nés avec des
instincts naturellement pervers.

Cette loi de 1850 a eu pour principal objet de combler une grave lacune de notre régime pénitentiaire. Elle a pourvu à l'éducation des enfants qui ont commis une première faute, cherchant par là à éviter les rechutes. Les mesures qu'elle a prescrites sont à la fois des mesures répressives et des mesures préventives.

Au contraire la loi du 5 mai 1869, qui a réorganisé sur de plus larges bases le service des enfants assistés, affecte à l'égard de l'enfance un caractère éminemment protecteur. Elle s'étend à la fois : 1º aux enfants trouvés ; 2º aux enfants abandonnés ; 3º aux orphelins qui n'ont plus de parents pour les élever ; 4º aux enfants nés de parents détenus ou traités dans un établissement hospitalier ; 5º aux enfants des filles-mères. L'entretien des enfants classés dans les quatre premières catégories, au-dessous de l'âge de douze ans, est obligatoire pour les départements ; quant aux enfants des filles-mères, ils doivent être simplement secourus.

On voit, par le résumé succinct de ces deux lois du 5 août 1850 et du 5 mai 1869, que l'Etat a fait les plus louables efforts pour combattre dans leurs germes, chez l'enfant, la misère et le vice. Ajoutons que les lourds sacrifices qu'il s'est imposés, pour l'application de ces deux lois, ont donné jusqu'ici d'excellents résultats. Cependant le système de protection ainsi organisé devrait être complété par une loi qui permît à l'administration d'étendre sa tutelle aux pauvres êtres moralement abandonnés. Ceux-ci ne rentrent pas, à cause de leur situation de famille, dans la catégorie des enfants assistés ; il serait peut-être plus facile de les comprendre dans celle des délinquants. Mais les parquets hésitent à les poursuivre, précisément à cause de leur jeune âge, et cependant leur éloignement des écoles et la vie errante qu'ils mènent à travers les rues et places publiques ne présagent rien de bon pour leur avenir. Aussi l'opinion publique, dans ces derniers temps, s'est-elle émue de la détresse dans laquelle ils gémissent et a-t-elle réclamé l'intervention du législateur. Ses alarmes ont été entendues en haut lieu, car le gouvernement doit saisir prochainement la Chambre d'un projet de loi sur cette question.

Déjà même des expériences fécondes en résultats ont été tentées par M. Bonjean, juge au tribunal civil de la Seine, auquel revient l'honneur d'avoir pris l'initiative, et par l'Assistance publique de Paris.

M. Bonjean fait élever depuis quelque temps, dans une de ses propriétés sises en Normandie, une quarantaine d'enfants qu'il a glanés dans les quartiers pauvres de Paris.

De son côté, l'Assistance publique a envoyé en province chez des cultivateurs, des commerçants ou des industriels, cinq cents enfants environ qu'elle a arrachés à la misère. Ces enfants sont placés isolément ou par groupes; « les placements individuels, dit M. Quentin dans un récent rapport, ne peuvent convenir qu'à ceux dont le caractère et la conduite sont suffisamment bons..... Les placements par groupes doivent être recherchés par l'administration surtout pour ceux des enfants qui, en raison de leurs antécédents, ont besoin d'être placés sous une direction ferme, tempérée par un esprit éclairé et un cœur compatissant. »

Mais ces œuvres humanitaires rencontrent des obstacles sérieux dans les communications que les enfants échangent avec leurs familles. Ainsi, à Vierzon, quelques enfants placés dans une verrerie se sont évadés dernièrement sous l'influence des mauvais conseils qui leur sont venus de ce côté. Dans l'état actuel de la législation sur la puissance paternelle, certains parents, qui cependant abusent singulièrement de leur autorité, refusent de se séparer de leurs enfants; d'autres regrettent bien vite de s'en être séparés. Devant ces résistances et ces regrets, l'administration reste désarmée. Il est donc urgent que le législateur lui vienne en aide en restreignant dans une juste mesure les droits des père et mère ou tuteurs reconnus, par suite des condamnations qu'ils ont encourues ou de leur inconduite notoire, inhabiles à gouverner la personne de leurs enfants ou de leurs pupilles.

La loi projetée aura certainement pour effet de tarir la source des dépravations précoces qui se multiplient dans les grands centres depuis longtemps déjà. Par le travail intellectuel, par le travail manuel, l'administration régénérera les enfants moralement abandonnés qui croupissent aujourd'hui, sur le chemin de la prison, dans l'ignorance et dans l'oisiveté.

Mais la société n'a pas seulement l'obligation de combattre, par des mesures préventives, l'augmentation de la criminalité et l'accroissement du nombre des récidives. Il lui incombe une autre mission plus pénible, celle de prendre des mesures répressives, et il est de toute nécessité que ces mesures soient salutaires, soient efficaces.

Les châtiments qu'elle inflige doivent tenir lieu d'exemple et doivent surtout tendre à l'amendement des condamnés. Ce sont là des principes élémentaires, admis par tous les criminalistes; il serait donc superflu d'en tenter la démonstration.

Les diverses peines établies par le Code pénal de 1810 sont-elles exemplaires? A cette question, nous n'hésiterons pas à répondre : *oui*. L'exécution de ces peines, dans l'état de notre régime pénitentiaire, contribue-t-elle généralement à l'amélioration des coupables? A cette autre question, nous hésitons encore moins à répondre : *non*.

Nous avons indiqué, au début de ce travail, l'organisation générale des prisons centrales et départementales. Nous avons montré comment la promiscuité, qui règne entre les détenus, achève leur corruption. Nous ne reviendrons donc pas sur ce sujet.

Au surplus, nous trouvons l'aveu de cette triste vérité dans le rapport présenté par M. Dufaure, garde des sceaux, au

Président de la République, sur le compte général de l'administration de la justice criminelle en France pendant l'année
1870 : « Il ressort des enseignements de la statistique, depuis
vingt ans, un fait incontestable, l'accroissement incessant de
la récidive. Au début de cette période, on a pu l'attribuer à
l'institution des casiers judiciaires ; mais, aujourd'hui, il est
impossible de méconnaître qu'il soit dû en grande partie à
l'insuffisance du régime pénitentiaire au point de vue moralisateur. »

Ce jugement sévère sur l'inefficacité de notre régime pénitentiaire, porté par une autorité aussi compétente qu'étrangère
à tout esprit de dénigrement, est une condamnation en
dernier ressort devant laquelle tout le monde doit s'in-
cliner.

Dans son rapport sur l'administration de la justice pendant
l'année 1878, M. le garde des sceaux actuel ne se mon-
trait pas plus optimiste : « La réforme pénitentiaire, disait-il,
continue à préoccuper tous les esprits éclairés ; son urgence
et son utilité n'échappent à aucun gouvernement. »

« Que nos prisons puissent améliorer un criminel, écrivait
naguère M. le docteur Le Bon, c'est là une de ces idées qui
ne trouveraient plus de défenseur parmi les personnes com-
pétentes. »

Du reste, ce n'est pas de nos jours seulement qu'on a
compris la nécessité de réformer le régime pénitentiaire établi
chez nous. — Les auteurs du Code pénal de 1810 s'étaient
préoccupés d'établir une échelle savante des peines, mais ils
ont négligé de régler le mode d'exécution de ces peines. Sous
la Restauration, on commença à étudier les questions pénitentiaires. Des esprits éclairés étudièrent les législations étran-
gères sur cette matière, et des discussions passionnées
s'élevèrent sur les réformes qu'il convenait d'introduire chez
nous. Mais, à cette époque, on n'est guère descendu, que nous
sachions du moins, du domaine élevé de la théorie dans celui

de la pratique. La seule amélioration importante qui ait été apportée au régime pénitentiaire est la création d'une société générale des prisons, chargée de veiller au régime moral et hygiénique des détenus. Cette société a rendu de réels services jusqu'en 1830.

Après la révolution de 1830, la question de la réforme des prisons continua à préoccuper les meilleurs esprits. MM. de Beaumont et de Tocqueville reçurent du gouvernement la mission d'aller étudier le système pénitentiaire des Etats-Unis d'Amérique. Bientôt la Chambre des députés fut saisie d'un projet qui aboutit à la loi de 1843, adoptant le principe de la séparation individuelle. Cette loi fut soumise à l'examen de la Chambre des pairs, qui nomma une commission dont M. Bérenger fut le rapporteur. Dans son rapport terminé en 1847, celui-ci s'était montré favorable au principe adopté par la Chambre des députés. La loi allait recevoir sa consécration définitive lorsque éclata la révolution du mois de février 1848. Tout fut donc abandonné.

Le second Empire s'est montré peu favorable au régime cellulaire. Non seulement il n'essaya pas de profiter des travaux considérables qui avaient été accomplis par le Parlement, sous la monarchie de Juillet, mais il abandonna même, comme nous l'avons déjà vu, l'application de ce système dans les prisons où il avait été précédemment établi, à titre d'essai.

La seule réforme importante réalisée sous l'Empire, dans cet ordre de choses, résulte de la loi du 30 mai 1854, qui a ordonné que les peines des travaux forcés à temps ou à perpétuité seraient à l'avenir subies dans une des possessions françaises autres que l'Algérie. Le principe fondamental de cette loi est donc la suppression des bagnes auxquels est substituée la peine de la transportation.

Les établissements où doit s'effectuer la transportation des forçats sont désignés par décret du chef de l'État. Tout le

monde sait que les premiers convois de forçats expatriés ont
été dirigés sur la Guyane française. Malheureusement la plus
grande partie du territoire de cette île est malsaine pour les
Européens. Aussi le gouvernement impérial a-t-il cherché
une contrée plus salubre pour y effectuer la transportation.
Cette contrée, on l'a trouvée dans l'île de la Nouvelle-Calédonie, située à trois mille lieues environ de la mère patrie, dé-
couverte par Cooken 1774, explorée en 1792 par d'Entrecas-
teaux et occupée par la France le 24 septembre 1853. Un décret du 2 septembre 1863 autorisa la création dans cette île d'é-
tablissements pour l'exécution de la peine des travaux forcés.

Les premiers convois de forçats y arrivèrent bientôt. Par
contre, la transportation à la Guyane se ralentit peu à peu et
cessa en 1867, mais seulement pour les forçats de la métropole; car on a continué à y envoyer des condamnés de la
Martinique, de la Réunion et d'Algérie, qui s'accommodent
assez heureusement du climat et de la température de cette
province.

Dès que leur condamnation est devenue définitive, les
condamnés sont transférés sur les côtes de France, dans l'île
Saint-Martin-de-Ré, où ils attendent leur embarquement.
L'administration doit transporter tous les forçats valides âgés
de moins de soixante ans; ceux qui ont atteint cette limite
d'âge subissent leur peine dans les maisons centrales. On
comprend facilement la raison d'humanité qui a fait dicter
cette exception. En droit, la transportation des femmes est
facultative pour l'administration. En fait, d'après les documents que nous avons consultés, l'administration n'use pas
de cette mesure à leur égard; elles sont confondues dans les
maisons centrales de femmes avec les réclusionnaires. Les
individus condamnés à moins de huit années de travaux forcés sont astreints à résider dans la colonie, après leur libération, pendant un temps égal à la durée de leur peine; ceux
qui ont à purger une peine d'une durée égale ou supérieure à

huit années, doivent, après leur libération, résider à perpétuité dans la colonie. Les transportés qui se signalent par leur travail et leur bonne conduite, peuvent obtenir du gouverneur de la colonie, même avant l'expiration de leur peine principale, des concessions de terrain provisoires ; quant aux libérés, ils peuvent en obtenir également de provisoires, qui deviennent définitives après l'expiration d'un délai de cinq années, conformément au décret réglementaire du 31 août 1878. Les concessions provisoires peuvent être retirées par décision du gouverneur pour tout crime ou délit ayant entraîné des peines criminelles ou correctionnelles, pour faute disciplinaire grave et même pour défaut des mises des terres en culture. Quant aux concessions définitives, elles sont enlevées de plein droit aux titulaires lorsque leur évasion, leur tentative d'évasion ou leur absence illégale été constatée par un jugement; le gouverneur prononce alors la déchéance et ordonne l'annulation des titres de propriété, par un arrêté qui est rendu public. Toutefois, le décret fait certaices réserves en faveur de la femme et des enfants des concessionnaires déchus.

Les transportés doivent être employés aux travaux les plus pénibles de la colonisation et principalement aux travaux publics.

La loi de 1854 devait être complétée à bref délai par un règlement d'administration publique fixant le régime économique disciplinaire des transportés. Malheureusement cette prescription de la loi fut méconnue : un décret du 29 août 1855 étendit simplement aux forçats le régime disciplinaire des troupes stationnées dans les colonies, et un autre décret du 24 mars 1860, dans le but de faciliter les mariages, dispensa les futurs majeurs de vingt-un ans de produire le consentement de leurs ascendants et de faire les publications légales dans la mère patrie, lors même qu'ils n'auraient pas six mois de résidence dans les colonies.

Cet oubli regrettable a été réparé en grande partie par le décret de 1878, dont nous venons de parler, et par celui du 18 juin 1880, qui fixe le régime disciplinaire des transportés.

De 1854 à 1881, 30,000 forçats environ ont été conduits soit en Guyane, soit en Nouvelle-Calédonie, parmi lesquels 1,500 à peine sont parvenus à rentrer en France.

La loi de 1854 a donc délivré les contrées voisines des anciens bagnes et même la France entière de la terreur qu'y répandaient les forçats libérés. La plupart de ces individus étaient disposés, au lendemain de leur libération, à tremper leurs mains dans le sang. On peut donc dire que la transportation a épargné bien des crimes à la métropole et, à ce point de vue, la réforme qu'elle a réalisée dans notre système pénitentiaire a été un grand bienfait.

Jetons maintenant un coup d'œil rapide sur les résultats de ce nouveau mode d'exécution de la peine des travaux forcés, au point de vue de la colonisation.

Les établissements pénitentiaires de la Guyane française et de la Nouvelle-Calédonie sont placés sous la direction du ministère de la marine et des colonies. Nous laisserons de côté ceux de la Guyane, puisque l'administration a dû cesser, à raison de l'insalubrité du climat, d'y expédier de France de nouveaux convois de condamnés; nous nous bornerons à exposer rapidement ce qui a été fait en Nouvelle-Calédonie. Au 1er janvier 1881, l'effectif de cette colonie pénitentiaire était de 9,118 transportés de droit commun. Il ne peut plus du reste être question que de ceux-là, puisque tous les condamnés politiques ont été rapatriés en exécution de la lo d'amnistie du 11 juillet 1880. Tous les *condamnés* étaient répartis dans les pénitenciers de l'île Nou, de Yahoué, de Bourrail, Kanala, Ouarail et de la baie du Sud ou Prony. En outre, l'administration pénitentiaire a établi dans l'île des camps de travailleurs, qui sont les postes avancés de la colonisation.

Le pénitencier de l'île Nou, le plus important de tous, reçoit les transportés lors de leur débarquement. Là, pendant un temps plus ou moins long, on étudie leur caractère, on observe leurs dispositions et on détermine, à l'aide de ces moyens, la destination qu'ils doivent recevoir. Les forçats les plus vicieux, les plus dangereux, restent enfermés dans ce pénitencier jusqu'à ce qu'ils aient donné quelques preuves d'amélioration.

Jusque dans ces derniers temps, il était d'usage d'infliger aux forçats, pour fautes graves, la peine de la *bastonnade*. Cet usage, emprunté aux anciens bagnes, avait entraîné quelques abus qui ont été dénoncés plus d'une fois, dans ces dernières années, à la tribune de la Chambre des députés et du Sénat. Pour être éclairée sur la valeur des reproches formulés contre l'administration pénitentiaire, la Chambre des députés, dans sa séance du 18 décembre 1879, a résolu qu'une commission de onze membres, nommée dans les bureaux, serait chargée d'ouvrir une enquête sur les établissements de la Nouvelle-Calédonie. Dans un rapport remarquable déposé, au nom de cette commission, dans la séance du 30 juin 1881, M. Réné Goblet a blâmé les abus dont nous venons de parler et quelques autres vices qui s'étaient glissés dans le régime de la transportation, par suite de l'insuffisance du contrôle; mais il exprime en même temps la confiance que le retour de pareils actes sera impossible dans l'avenir.

D'abord les peines corporelles ont été abolies par le décret du 18 juin 1880, que nous avons cité plus haut. M. le ministre de la marine, d'accord avec M. Olry, gouverneur de la colonie, a proposé de le remplacer par la détention cellulaire. Aux termes de l'art. 11 du décret précité, les punitions qui peuvent être infligées aux individus condamnés aux travaux forcés sont les suivantes :

1° Le retranchement de vin ou de tafia;

2° La prison pendant la nuit;

3° La boucle simple ou double;

4° La cellule;

5° La mise au peloton de correction ;

6° Le peloton de correction avec la chaîne simple ;

7° Le peloton de correction avec la chaîne à deux ;

8° Le cachot avec la chaîne double ou la double boucle.

Quant aux autres vices du régime de la transportation, ils consistaient principalement dans les fraudes et les inégalités qui s'étaient glissées dans les distributions de vin, de nourriture, etc., confiées à des agents subalternes. M. le ministre de la marine en a prévenu le retour en créant trois nouveaux postes d'inspecteur de la transportation (il n'en existait auparavant qu'un seul qui ne pouvait faire dans chaque pénitencier que de très rares tournées). Ces fonctionnaires ont pour mission de surveiller l'exécution des règlements et correspondent directement avec le gouverneur de la colonie, qui est tenu de faire connaître leurs rapports au ministre de la marine.

Au point de vue du travail, les transportés sont divisés, par arrêtés du gouverneur, en cinq catégories différentes :

La première comprend les individus employés directement par l'administration pénitentiaire; elle est de beaucoup la plus nombreuse. Au 1er janvier 1881, elle se composait de 5,118 sujets dont la peine était en cours d'exécution.

La seconde se compose de transportés employés à poste fixe par les services publics. Au 1er janvier 1881, il y avait 1,622 hommes dans cette catégorie, 1,525 condamnés et 97 libérés.

Dans la troisième, à la même date, on comptait 1,296 individus engagés chez l'habitant : 1,281 libérés et 15 femmes et enfants.

Les rapports des engagés et des engagistes (tel est le nom donné à ceux qui les emploient) sont réglés par un arrêté émané de l'autorité du gouverneur à la date du 27 octobre 1870. Les engagements sont contractés pour une durée de deux années. Tous vivent du produit de leur travail; ils ont même droit à un salaire de 6 francs par mois, dont moitié leur est remise séance tenante et dont l'autre moitié est versée à leur compte dans la caisse centrale de l'établissement pénitentiaire.

Dans la quatrième catégorie, celle des industriels, on ne rencontre également que des libérés au nombre de **278**, auxquels il faut joindre 78 femmes et enfants. Il va sans dire que tous vivent facilement du produit de leur travail. Au 1ᵉʳ janvier 1874, tous les industriels vivaient isolés. On voit que, dans un intervalle de sept années, un certain nombre d'entre eux ont pu se constituer une famille ; c'est là un grand progrès que nous sommes heureux de constater.

La cinquième catégorie, la plus favorisée, ne se compose que de concessionnaires au nombre de 315; leurs familles comprennent 411 femmes et enfants. Il y en a 506, plus des deux tiers, qui vivent du produit de leur travail, et 220 seulement qui reçoivent la ration de l'administration pénitentiaire. En 1874, les concessionnaires ne formaient, avec leurs familles, qu'une population totale de 252 individus. Le régime des concessions a donc pris à la Nouvelle-Calédonie, dans ces dernières années, un développement assez considérable.

L'administration pénitentiaire a construit dans le pénitencier de Bourrail une ferme considérable, à la tête de laquelle se trouve un directeur qui occupe des transportés non concessionnaires, et aide de ses lumières les concessionnaires établis aux environs de la ferme.

La division en cinq catégories, que nous venons d'indiquer, est indépendante de la position légale des transportés; elle s'applique aussi bien aux condamnés qu'aux libérés, et n'a d'importance qu'au point de vue du genre de travaux auxquels chacun d'eux est employé.

En outre, les condamnés, d'après leur situation légale, leur état moral, leur conduite et leur assiduité au travail, sont

divisés en cinq classes, la première étant la plus avantageuse
et la cinquième la plus pénible. A leur arrivée au pénitencier,
les condamnés qui ne sont pas récidivistes sont placés dans la
quatrième classe; les récidivistes dans la cinquième. Au bout
de six mois passés dans une classe, chaque condamné peut
être proposé par le directeur de l'administration pénitentiaire
pour le passage dans la classe immédiatement supérieure; ce
passage ne peut être ordonné que par décision du gouverneur.

La division en classes a été établie par le décret du 18 juin
1880.

Pour compléter ces renseignements, disons que les frais
de transport d'un forçat s'élèvent au maximum à 900 francs
et son entretien annuel à 380 francs environ.

Le ministère de la marine témoigne une grande confiance
dans l'avenir de la transportation à la Nouvelle-Calédonie.

Pour faciliter la mission si grave qui incombe à l'administration pénitentiaire, il serait bon que le Parlement modifiât
deux des dispositions de la loi de 1854, l'une relative à la transportation des femmes, l'autre à l'obligation de la résidence
pour les libérés.

On sait qu'à l'heure actuelle, la transportation des femmes
condamnées aux travaux forcés est facultative. Le département de la marine et celui de l'intérieur ont usé de la latitude
qui leur est ainsi laissée pour ne transporter qu'un très petit
nombre de femmes. La plupart de celles qui ont été condamnées aux travaux forcés subissent leur peine dans les maisons
centrales. Il résulte de cette pratique que la constitution des
familles de transportés rencontre les plus grandes difficultés
à cause de la rareté des femmes dans la colonie. Pour suppri-
mer cet obstacle, on offre aux femmes détenues dans les
maisons centrales des avantages importants, tels que le voyage
gratuit et la constitution d'un trousseau, à l'effet de les déterminer à l'émigration. Malgré ces promesses, la plupart des

détenues reculent devant la longueur du voyage à entreprendre et l'abandon définitif de leur pays natal.

Il existe bien quelques exemples de filles canaques (c'est ainsi qu'on nomme les indigènes) qui, abandonnant leurs tribus, viennent épouser des transportés. Malheureusement ce ne sont que des cas isolés; aussi les familles des condamnés et des libérés ne comprenaient-elles, au 1er janvier dernier, que 504 femmes et enfants, y compris ceux qui avaient consenti à suivre où aller rejoindre leur chef en Nouvelle-Calédonie. Si la loi rendait obligatoire tout au moins la transportation des condamnées aux travaux forcés qui ne sont pas engagées dans les liens du mariage, la disproportion entre le nombre des hommes et celui des femmes diminuerait; la moralité générale de la colonie y gagnerait et l'accroissement rapide de la population assurerait son avenir.

Nous avons dit aussi que les individus dont la peine était d'une durée inférieure à huit années n'étaient assujettis à résider dans la colonie, après leur libération, que pendant un temps égal à leur peine principale.

Dans les années qui ont suivi la mise en vigueur de la loi de 1854, le rapatriement des libérés parvenus au terme de la période de leur résidence s'effectuait aux frais de l'Etat. Comme aucun article de la loi ne lui imposait l'obligation des rapatriements gratuits, l'administration pénitentiaire en a abandonné l'usage; aujourd'hui les libérés ne peuvent se rapatrier qu'à leurs frais. Mais ceux-là même auxquels leurs ressources ne permettent pas dès à présent de rentrer en France, ne se livrent au travail qu'avec répugnance et ne cherchent nullement à se créer une situation dans la colonie qu'ils ont l'espoir de quitter un jour ou l'autre. Non seulement ils ne contribuent pas au progrès de la colonisation, mais ils tombent pour ainsi dire à la charge de l'Etat, qui se trouve forcé de pourvoir à leur existence. En les astreignant à l'obligation de la résidence perpétuelle, la loi leur rendrait

service à eux-mêmes : l'impérieuse nécessité fortifierait leur
courage et les contraindrait à améliorer leur sort par un travail régulier.

CHAPITRE IV

SUITE DE LA RÉFORME DU SYSTÈME PÉNITENTIAIRE ; DES LEN-
TEURS APPORTÉES A LA TRANSFORMATION DES PRISONS DÉPARTE-
MENTALES.

La loi sur l'exécution de la peine des travaux forcés constitue une réforme salutaire de notre régime pénitentiaire. La
suppression des bagnes et l'éloignement définitif de presque
tous les grands criminels, assassins, voleurs de grand chemin, faussaires, etc... auraient dû diminuer la criminalité et
faire décroître le nombre des récidives. Et cependant la statis
tique atteste des résultats contraires à ceux qu'on pouvait
espérer. Cette triste situation n'a rien de surprenant ; elle s'ex-
plique par diverses causes, comme nous l'avons dit, et surtout par la promiscuité des détenus, qu'on pourrait appeler le
phylloxera des prisons.

Tant que ce fléau continuera à exercer ses ravages dans les
prisons centrales et départementales, il suffira, à lui seul, à
assurer le recrutement progressif de l'armée du crime.

Vainement on a cherché à enrayer le mouvement de la criminalité, en réformant la loi sur la surveillance de la haute
police. Aux termes du décret du 8 décembre 1851, les individus qui étaient soumis à cette surveillance pouvaient changer
de résidence en prévenant trois mois à l'avance le maire de
la commune qui leur délivrait une nouvelle feuille de route.
La plupart des surveillés abusaient de la liberté qui leur était
accordée pour se déplacer continuellement, sans motif plau-
sible, et vivre ainsi en état de vagabondage légal, puisque les

passeports dont ils étaient munis les protégeaient contre toute immixtion de la gendarmerie. L'institution de la surveillance produisait ainsi des effets assez fâcheux. L'Assemblée nationale a cru atteindre le mal dans ses racines en décidant, aux termes de la loi du 10 janvier 1874, qu'à l'avenir le séjour de six mois serait obligatoire pour les condamnés, dans chacune des résidences qu'ils choisiraient successivement pendant la durée de la surveillance, à moins .de dispense spéciale donnée par le ministre de l'intérieur ou par le préfet. Les précautions prises par l'Assemblée nationale contre les surveillés paraissaient excellentes ; mais elles n'embarrassent guère le plus grand nombre d'eux. Un surveillé est-il libérable, il s'empresse de choisir une résidence la plus éloignée possible du lieu de sa détention. Son pécule n'étant pas assez élevé pour faire face aux frais du voyage (c'est du moins le cas le plus fréquent), il obtient des secours de route pour un temps relativement considérable, ce qui lui permet de satisfaire ses penchants pour les pérégrinations, la paresse et le vol. En l'état, la surveillance de la haute police n'offre donc qu'une utilité tout à fait secondaire.

L'œuvre la plus considérable de l'Assemblée nationale, en matière pénitentiaire, est sans aucun doute la loi du 5 juin 1875, sur le régime des prisons départementales. L'un des principaux rapporteurs de cette loi a été M. Bérenger, qui a joué, dans la discussion publique, un rôle des plus actifs et des plus brillants.

La loi décide qu'à l'avenir les inculpés, prévenus et accusés seront soumis à l'emprisonnement individuel. Il n'est fait aucune exception à cette règle ; tous les individus détenus préventivement sont donc isolés ; ceux dont la culpabilité ne sera pas reconnue par les tribunaux seront ainsi préservé des souillures du contact de leurs codétenus pervertis. Parmi les condamnés, la loi établit une distinction basée sur la durée de la peine : ceux dont la peine n'excède pas un an e jour doivent être soumis à l'emprisonnement individuel dans les maisons de correction départementales; quant aux individus dont la peine aura une plus longue durée, ils continueront à subir l'emprisonnement en commun dans les maisons centrales. Toutefois, sur leur demande, ils peuvent être admis dans les prisons cellulaires. Leur demande est soumise au contrôle de l'autorité pénitentiaire, qui s'assure si leur santé, leur état intellectuel et le nombre des cellules vacantes permettent de l'accueillir.

Comme le régime cellulaire est incontestablement plus sévère que celui de l'emprisonnement en commun, les condamnés qui y sont soumis bénéficient de plein droit d'une réduction *d'un quart* sur la durée de leur peine, pourvu qu'elle soit supérieure à trois mois et qu'ils aient passé dans l'isolement trois mois consécutifs. S'il arrivait parfois que l'épreuve de la cellule fût trop pénible pour certains détenus et qu'elle engendrât des symptômes alarmants pour leur raison et leur santé, l'humanité ferait un devoir au directeur de la prison de la suspendre immédiatement, sur l'avis du médecin. Mais l'Assemblée nationale a pensé que les habitudes vigilantes de l'administration la dispensaient d'insérer dans la loi une disposition formelle à cet égard; elle a également laissé au gouvernement le soin de fixer par un décret les conditions d'organisation du travail, et de déterminer le régime intérieur des maisons consacrées à l'application de l'emprisonnement individuel.

La loi du 5 juin 1875 supprime donc pour les prévenus et les individus condamnés à de courtes peines la funeste contagion du mal. Le principe de la séparation individuelle qu'elle consacre est le principe fondamental de tout système pénitentiaire vraiment moralisateur.

Cette loi a cependant rencontré, au sein du Parlement, une opposition des plus vives. Plusieurs orateurs éminents, parmi lesquels nous citerons MM. Jules Favre, Marcou, Bouchet et

Raudot, ont successivement pris la parole pour battre en brè-
che les conclusions de la commission; ils reprochaient au
projet de loi d'être inutile, dangereux, incomplet et inapplicable. Il était inutile, disaient-ils, 1° parce que l'administration avait pu, de 1830 à 1848, sous la législation actuellement
existante, construire sept ou huit mille cellules pendant que
le Parlement discutait un projet de loi analogue; 2° parce
que la supériorité du régime cellulaire sur celui de l'emprisonnement en commun n'était pas encore démontrée par
l'expérience.

A ces deux objections, les orateurs de la commission
ont répondu victorieusement, que, sans doute, des ordon-
nances royales ou des arrêtés ministériels avaient suffi
pour faire construire, sous le gouvernement de juillet, plusieurs milliers de cellules destinées aux prévenus et aux condamnés. Mais la Cour de cassation a contesté, au moins pour
les condamnés, la légalité du régime cellulaire. En admettant que les scrupules de la Cour suprême ne fussent pas
fondés, il suffirait, si on laissait subsister l'omnipotence de
l'administration, d'un changement de ministère pour entraver l'œuvre commencée et même défaire tout ce qui aurait
été fait jusque-là. On en avait eu la preuve en 1853, dans la
circulaire du ministre de l'intérieur de Persigny, qui prescrivait la division des détenus en catégories innombrables et
par suite leur doublement et leur triplement dans les cellules.
Ce qu'il avait fait, d'autres pourraient le faire, et l'organisation
de l'emprisonnement individuel subirait éternellement le sort
de la toile de Pénélope.

Quant aux avantages de ce système, ils sont incontestables;
s'ils ne peuvent être établis par des expériences faites chez
nous, ils le sont amplement par celles faites à l'étranger. En
effet, l'emprisonnement individuel ferme la porte à la contagion du mal et permet de l'ouvrir aux influences du bien; en
outre, il constitue un moyen d'intimidation plus efficace pour

les malfaiteurs. Il est appliqué en Amérique, en Angleterre, en Hollande, en Suède et en Norvège et dans certaines prisons de Belgique et d'Italie; c'est ce qu'on a jusqu'ici trouvé de meilleur pour les courtes peines. Le ministre de la justice de Hollande a déclaré à deux membres de la commission, MM. Voisin et d'Haussonville, que les récidives sont victorieusement combattues par le régime cellulaire. D'après celui de Suède, l'emprisonnement en commun rend impossible la réhabilitation; le régime cellulaire lui est bien préférable. En 1873, le garde des sceaux de Belgique affirmait que l'isolement des détenus tendait incessamment à diminuer les récidives. A l'appui de sa thèse, il citait l'exemple suivant : « La prison de Louvain est construite d'après le système cellulaire; elle renferme à la fois des individus qui ont commencé à subir leur peine sous le régime de l'emprisonnement en commun et d'autres qui ont été conduits à Louvain le jour même de leur arrestation. Or, parmi les premiers, la proportion des récidivistes s'élève à 30 0/0; parmi les seconds, elle descend à 4,50 0/0.

Enfin les cours d'appel ont été consultées sur l'utilité de la réforme : deux d'entre elles se sont abstenues de formuler des avis; parmi les vingt-six autres, dix-neuf se sont montrées résolument favorables à l'établissement du régime cellulaire pour les peines de courte durée.

MM. Bouchet et Marcou se sont surtout efforcés de convaincre l'Assemblée des dangers que l'isolement absolu engendrerait pour la raison et la santé des détenus. L'idée de ce régime est, suivant eux, un beau rêve, mais un rêve irréalisable chez nous. Le Français est par caractère, par tempérament, essentiellement sociable; il ne peut vivre isolé. C'est s'exposer à de terribles mécomptes que d'aller chercher des exemples dans les brouillards de l'Allemagne, dans les neiges de la Suède et de la Norvège. La cellule ferait naître chez les prisonniers, tantôt la folie, tantôt la manie du suicide. Les sui-

cides n'ont-ils pas été très fréquents à Mazas, pendant plusieurs années ? La surexcitation, qui engendre chez l'homme
la funeste résolution d'attenter à sa vie, est surtout grande
dans les premiers jours de la détention, c'est-à-dire chez les
prévenus, les moins coupables. Pour ceux qui devront béné-
ficier d'une ordonnance de non-lieu ou d'un acquittement, la
séquestration cellulaire serait une mesure vraiment inhumaine.
Parmi ceux que l'amour de la vie et l'énergie morale mettront
en garde contre la folie et le suicide, beaucoup contracteront
des habitudes d'onanisme qui porteront à leur santé les plus
graves atteintes. « Tout châtiment dont la nécessité n'est
point absolue devient tyrannique. » Cette belle pensée de
Montesquieu pourra s'appliquer au régime cellulaire, et la
disproportion entre la faute et le châtiment, au lieu de moraliser les condamnés, n'aboutira qu'à les désespérer. Ceux
dont l'organisation robuste (*mens sana in corpore sano*) aura
résisté aux épreuves de la cellule, n'en sortiront qu'avec la
rage dans le cœur et le désir de se venger des tortures qu'ils
auront endurées.

L'Assemblée, avec raison, n'a pas pensé que ces critiques
fussent fondées. Si les Belges, les Hollandais, les Anglais, etc.,
peuvent supporter l'isolement pendant plusieurs mois, on ne
voit pas pourquoi cette épreuve serait au-dessus des forces
des Français. Du reste, l'expérience du régime cellulaire, si
restreinte qu'elle ait été chez nous, permet de ne rien redouter, au point de vue des aliénations mentales et des suicides,
de l'extension du régime cellulaire. Dans la prison cellulaire
de Mazas, les cas de folie se sont élevés depuis quarante années
à la proportion de 19 00/00, tandis que dans les prisons départementales où, comme on sait, les détenus vivent en commun, on a constaté vingt-deux cas pour mille détenus. La
cellule n'engendre donc pas plus la folie que l'emprisonnement en commun. Mais il est juste de reconnaître que les
suicides sont un peu plus fréquents dans les prisons cellulai-

res que dans les prisons communes. A Mazas, la proportion maisons des suicides est de 1 1/2 00/00, tandis que dans les autres la proportion normale est de 1 00/00.

Que prouve ce léger écart? Une seule chose, c'est que les malheureux qui veulent attenter à leurs jours ont plus de facilités pour réaliser leurs desseins dans les cellules que dans les autres lieux de détention, où ils coudoient continuellement leurs codétenus et les surveillants. Mais on ne peut en conclure que leur sort soit plus misérable dans un endroit que dans l'autre.

Il est bien certain, en tout cas, qu'au point de vue hygiénique, le régime cellulaire est bien préférable à tout autre régime. Les maladies contagieuses ou épidémiques font moins de victimes dans les cellules que dans les ateliers et les dortoirs communs, où l'on entasse parfois un nombre de détenus considérable. Le bon sens indique qu'il n'en peut être autrement; la statistique le prouve. Le chiffre de la mortalité est de 3 à 4 0/0 dans les prisons départementales, de 4 à 5 0/0 dans les prisons centrales, tandis qu'il ne dépasse pas 1 0/0 à Mazas et 2 0/0 à la Santé.

Faut-il croire que la détention cellulaire irrite certaines natures et excite en elles le désir de la vengeance contre la société? Il est bien possible que, dans les premiers jours de la détention, des idées malsaines hantent les cerveaux de quelques individus ; mais le recueillement et la réflexion en ont facilement raison et elles s'évanouissent pour faire place au repentir.

Aux yeux de M. Bouchet, la réforme proposée avait surtout le tort d'être incomplète : elle eût dû s'étendre au Code d'instruction criminelle, afin de multiplier les cas de mise en liberté provisoire des prévenus et de leur permettre de se faire assister d'un défenseur pendant la période d'instruction.

L'amélioration du régime des maisons centrales, où sont subies les longues peines et où sont enfermés les malfaiteurs vraiment dangereux, eût offert à l'Assemblée un noble sujet d'étude. A la promiscuité de l'atelier qui étiole et démoralise les détenus, pourquoi le projet de loi n'avait-il pas cherché à substituer les travaux des champs qui fortifieraient et revivifieraient chez eux le sentiment de la famille? Les essais infructueux, tentés dans les pénitenciers agricoles de Castelluccio et de Chiavari, étaient faciles à prévoir, puisque le régime économique et disciplinaire de ces établissements avait été copié, ou à peu près, sur celui des maisons centrales. Mais il serait bien aisé de hâter avec les prisonniers l'œuvre de la colonisation agricole de l'Algérie. Ce n'était pas tout : pour compléter la réforme pénitentiaire, ne fallait-il pas aussi organiser sur une vaste échelle le patronage des détenus et des libérés? Tous les criminalistes étant d'accord pour reconnaître la nécessité de cette institution, la commission avait tort de ne pas soumettre à l'Assemblée ses vues sur cette question. Enfin, ne devait-on pas, en décrétant l'emprisonnement individuel, organiser sûrement le travail des détenus?

La commission proposait de laisser à l'administration pénitentiaire le soin de résoudre le problème si complexe de l'organisation du travail dans les cellules. Mais il était difficile même d'en entrevoir la solution. Comment apprendrait-on un métier à des détenus isolés? Les entrepreneurs ne s'en soucieraient guère. Dans certaines saisons, le chômage ne serait-il pas inévitable? Le désœuvrement des prisonniers étroitement claquemurés dans les cellules ne serait-il pas la plus insupportable des tortures?

En réponse à toutes ces critiques, on a fait valoir avec raison qu'il n'appartenait pas au Parlement d'entrer dans les détails de l'organisation du travail et d'entraver ainsi l'action de l'administration. Les divers orateurs de la commission, et notamment M. Bérenger, ont expliqué dans un langage élevé, aux applaudissements de l'Assemblée, qu'ils entendaient que les cellules fussent ouvertes à toutes les influences du bien.

A leurs yeux, les directeurs, les aumôniers, les médecins et les gardiens des prisons devront moraliser les détenus isolés, les consoler et leur faire entrevoir la possibilité de se régénérer en contractant des habitudes régulières. Les membres des sociétés de patronage pourront pénétrer dans les cellules pour se familiariser avec les détenus et leur promettre leur appui au jour de leur libération. Les familles des condamnés, lorsque leur moralité ne sera pas suspecte, seront aussi admises à communiquer fréquemment avec eux.

Quant au chômage, il devra être combattu par des marchés obligeant les entrepreneurs, sous des clauses pénales rigoureuses, à assurer le travail pendant toute l'année. Les entrepreneurs ne manqueront pas si, en compensation des obligations strictes imposées par les cahiers des charges, des avantages sérieux sont offerts aux adjudicataires. L'État ne reculera certainement pas devant le surcroît de dépenses qui pourra en résulter.

Quant aux réformes du Code d'instruction criminelle et du régime des maisons centrales, et à la réorganisation des sociétés de patronage, elles n'avaient pas été comprises dans la mission de la commission; partant, elles ne pouvaient faire l'objet ni de ses délibérations, ni de celles du Parlement. « Qui trop embrasse, mal étreint, » dit le proverbe, et si l'Assemblée eût voulu entreprendre une réforme complète de nos lois pénales et de notre système pénitentiaire, elle eût succombé devant l'immensité de sa tâche. On ne peut faire d'un seul coup tout le bien désirable; mais il ne s'ensuit pas qu'on ne doive tenter tout le bien possible.

Enfin, en ce qui concerne le système des colonies pénitentiaires préconisé par M. Bouchet, il a paru inapplicable aux prévenus et aux individus condamnés à des peines de courte durée qui forment toute la population des prisons départementales. En effet, les prévenus doivent, jusqu'au jour de leur jugement, être constamment à la disposition de l'autorité judiciaire; il est donc nécessaire qu'ils soient maintenus dans les maisons d'arrêt et de justice. D'autre part, sur 100,000 condamnés qui subissent chaque année leur peine dans les prisons départementales, plus des quatre cinquièmes n'y séjournent que pendant six mois au plus; s'il fallait les transférer dans des colonies agricoles forcément éloignées de la mère patrie, leur peine serait .expirée ou à la veille d'expirer au jour de leur débarquement. Pour le surplus des condamnés, l'essai de colonisation serait aussi bien peu pratique.

Nous abordons l'objection la plus redoutable de toutes celles qui ont été formulées contre la loi de 1875. L'honorable M. Bertauld, aujourd'hui procureur général de la Cour de cassation, avec beaucoup de finesse et d'à-propos, et après lui, Jules Favre, dans un admirable langage, ont soutenu, devant l'Assemblée nationale, que la loi était irréalisable, qu'elle n'était pas susceptible d'exécution.

Pour bien faire saisir la force de cette objection, nous devons d'abord dire, en quelques mots, quel est l'état de la législation concernant la propriété des prisons départementales. Au commencement du siècle, les prisons dépendaient toutes du domaine de l'État, qui supportait, par conséquent, les charges du *dominium.* L'empereur, voulant diminuer les lourdes dépenses qui grevaient le budget de l'État, transféra, par un décret du 9 avril 1811, la propriété de ces établissements aux départements dans lesquels ils étaient situés, à charge par eux de pourvoir à leur entretien. Sous les apparences d'une donation, un lourd fardeau était en réalité imposé aux donataires. Il est bien vrai que les départements peuvent aujourd'hui s'en décharger, car, depuis la loi du 27 juillet 1867 sur l'administration départementale, les grosses réparations des prisons ne font plus partie des dépenses obligatoires, de sorte que, si les conseils généraux les négligent, le gouvernement n'a pas le droit de les inscrire d'office dans les budgets des départements. Quant aux dépenses ordinaires

d'entretien, l'État les a reprises à sa charge par la loi du
5 mai 1855. '

La commission avait bien compris que les départements ne
se soucieraient guère de faire les sacrifices nécessaires pour
la transformation des prisons communes en prisons cellulaires. Aussi avait-elle songé d'abord à partager la dépense
entre eux et l'État, en leur réservant même le droit de s'exo-
nérer de tout ou partie de la contribution mise à leur charge,
au moyen de la rétrocession à l'État de la propriété de ces
prisons. Elle évaluait approximativement à 63 millions la
dépense nécessaire pour leur reconstruction suivant le nouveau
système. Mais le ministre des finances, prévoyant qu'en fin
de compte toute la dépense retomberait à la charge de l'État,
avait déclaré dans le sein de la commission que le gouvernement ne pourrait accepter cette disposition du projet de loi.

En face de cette opposition, la commission chercha un
terrain de conciliation, et elle le trouva enfin dans la rédaction
suivante, adoptée par le gouvernement, et qui a passé sans
changement dans le texte de la loi : « Art. 6. A l'avenir, la
reconstruction ou l'appropriation des prisons départementales ne pourra avoir lieu qu'en vue de l'application du régime
prescrit par la présente loi (cellulaire). Les projets, plans et
devis seront soumis à l'approbation du ministre de l'intérieur
et les travaux seront exécutés sous son contrôle.

« Art. 7. Des subventions pourront être accordées par l'État,
suivant les ressources du budget, pour venir en aide aux départements dans les dépenses de reconstruction et d'appropriation... (les subventions, dit l'art. 7 *in fine*, seront de la
moitié, du tiers ou du quart de la dépense, suivant la situation
des finances des départements, le produit de leur centime; et
les sacrifices précédemment faits par eux pour leurs prisons).

« Art. 8. Le nouveau régime pénitentiaire sera appliqué
au fur et à mesure de la transformation des prisons. »

Dans chaque département, disaient les adversaires de la loi, son application dépendra de la bonne ou de la mauvaise volonté du conseil général. Sans doute la reconstruction des prisons ne pourra avoir lieu qu'en vue de l'application du régime cellulaire; mais le gouvernement n'aura aucun moyen d'action pour contraindre les conseils généraux à voter les dépenses nécessaires, même lorsque les prisons actuelles tomberont en ruine. Son rôle se bornera à attendre patiemment les décisions de ces assemblées et à trancher à l'occasion des questions d'architecture.

La commission avait si bien compris le vice de ces dernières dispositions de loi, qu'elle proclamait, par l'organe de l'un des rapporteurs, «que toute réforme sérieuse des prisons départementales était subordonnée à la rétrocession de ces établissements à l'Etat; qu'il n'était pas possible que la mise à exécution de cette réforme fût à chaque instant entravée par la nécessité d'obtenir d'abord l'assentiment, ensuite le concours financier de chacun de nos départements dont les ressources sont généralement obérées et qui se montrent assez peu disposés à s'engager dans des dépenses de cette nature. »

« On présente la loi comme urgente, s'écriait M. Jules Favre, et c'est seulement dans vingt-cinq ans qu'elle pourra être mise en pratique! Elle ne sera donc qu'une dangereuse llusion. Le législateur ne peut pourtant pas, en croyant faire le bien, barrer le passage au progrès. »

A notre avis, la commission a glorieusement triomphé, avec des arguments péremptoires, des autres obstacles semés sur sa route par les orateurs que nous avons nommés. Mais, sur ce dernier point, elle n'a pu répondre, et d'ailleurs, pouvait-elle le faire, lorsqu'elle avait reconnu elle-même, dans son rapport, la justesse des critiques développées à la tribune par MM. Bertauld et Jules Favre, lorsqu'elle avait forgé elle-même les armes avec lesquelles ses adversaires venaient la combattre?

M. Desjardins, sous-secrétaire d'Etat au ministère de l'in-

térieur, d'accord avec la commission, et au nom du gouverne.
ment, est venu dire à la tribune : « Nous renonçons à trans-
former rapidement toutes les prisons départementales; nous
nous fions au cours du temps, aux moyens et aux occasions
favorables qu'il nous apportera nécessairement. Nous avons
pour preuve ce qui s'est passé dans ces dernières années.....
En une vingtaine d'années, on a construit en moyenne 80 à 85
prisons. »

L'œuvre de la commission a enfin triomphé devant le Parlement et la loi a été votée à une grande majorité.

Dans son dernier article, elle ordonne la création d'un conseil supérieur des prisons, dans le but de faciliter la réforme
et de contrôler l'application du nouveau système pénitentiaire. Ce conseil, réorganisé par un décret du 3 janvier 1881,
a tenu sa première session au ministère de l'intérieur le
1er février suivant.

Lors de cette réunion, il s'était écoulé presque six années
depuis la mise en vigueur de la loi de 1875. Le discours de
M. le ministre de l'intérieur nous apprend quels sont les
maigres résultats obtenus dans cet intervalle : « Le nombre
des prisons déclarées cellulaires est actuellement de douze ;
ces prisons peuvent contenir 2,500 cellules au plus. Les projets étudiés sont, en ce qui concerne les départements autres
que la Seine, au nombre de quatre-vingt-quinze. Ils se rappor-
tent à l'appropriation de cinquante-neuf anciennes prisons,
à la transformation de six prisons mixtes en cellulaires et à la
reconstruction de trente établissements pénitentiaires. Cette
transformation totale de nos prisons se poursuit aussi rapidement qu'il est permis de l'espérer, lorsqu'il s'agit de mettre
en œuvre une réforme de cette importance et d'accroître les
charges qui pèsent sur les finances départementales. » Nous
ne savons pas à quelle époque aboutiront les quatre-vingt-
quinze projets qui sont à l'étude ; n'escomptons donc pas l'a-
venir et contentons-nous de jeter un regard sur le passé.

Dans son rapport à l'Assemblée nationale, M. Bérenger estimait à 28,000 le nombre des cellules nécessaires pour contenir la population flottante des prisons départementales. De 1830 à 1848, cinquante-deux prisons cellulaires et trente-cinq partiellement cellulaires ont été construites en France sur le modèle des pénitenciers de la ville de Philadelphie; ces quatre-vingt-sept établissements comprenaient 7,570 cellules. Mais on sait que beaucoup d'entre eux ont été aménagés, sous le second Empire, en vue de l'application du système des divisions par catégories, de sorte qu'à la chute de l'Empire, et même en 1875, le système cellulaire proprement dit n'était plus appliqué que dans les trois prisons de la Seine dont nous avons parlé et dans le quartier des femmes dépendant de la maison de correction de Tours. Ces quatre établissements pouvaient contenir 1,200 cellules au plus; il en existe aujourd'hui 2,500 dans toute la France. On en a donc établi 1,300 nouvelles de 1875 à 1881, dans l'espace de six années, soit deux ou trois cents par année. Si l'on continue à mettre en pratique, avec une pareille lenteur, la réforme votée par l'Assemblée nationale, il faudra plus d'un siècle pour la conduire à bonne fin.

Il faudrait être peu exigeant pour se déclarer satisfait d'un pareil état de choses, en présence de l'accroissement incessant du nombre des récidives. Le nombre des récidivistes condamnés en 1872 était de 56,076; en 1875, il s'élevait à 69,809 et, en 1879, à 72,265. Les repris de justice menacent la sécurité de la société; la société doit prendre contre eux, sans plus tarder, d'énergiques mesures de répression.

Nous avons dit et nous répétons que nous considérons le vote de la loi de 1875 comme un grand progrès, mais à condition que cette loi ne reste pas dans nos codes comme un objet de luxe, comme un témoignage des bonnes intentions et de l'impuissance du législateur. Sans doute quatre-vingt-quinze, cent projets, peut-être, de transformation des prisons départementales sont maintenant à l'étude, au ministère de l'intérieur ; mais il y a bien loin de l'étude de ces projets à leur exécution. Et après, tout ne sera pas fini ; il restera encore près de trois cents prisons à reconstruire. Rien ne sera fait tant que la transformation ne sera pas complète. Les hôtes des prisons sont nomades en général. Que gagnera-t-on à isoler aujourd'hui des condamnés dans les prisons de la Seine, si dans quelques mois ils peuvent se trouver réunis dans celles de Seine-et-Oise ? Les influences pernicieuses du vice pourront s'y exercer et les associations de malfaiteurs s'y former à leur aise. Les raisons les plus impérieuses exigent donc que la réforme soit promptement accomplie sur toute l'étendue du territoire national.

Dans ses rapports, le conseil supérieur des prisons harcèle de reproches les départements qui, comme ceux de Seine-et-Marne, des Ardennes, de l'Aude, de la Côte-d'Or, des Côtes-du-Nord, de l'Hérault, du Morbihan, de Saône-et-Loire, de la Haute-Savoie, du Tarn, du Var, et tant d'autres, ont refusé jusqu'ici, malgré les instances pressantes du gouvernement, de voter les ressources nécessaires pour la transformation des prisons. Mais il craint bien que ses observations ne soient pas plus écoutées que celles de la pauvre Cassandre, car il gémit sur les imperfections de la loi de 1875 : « Les dépenses de transformation de prisons étant, pour la majeure partie, à la charge des départements et n'ayant pas un caractère obligatoire, le gouvernement se trouve, *en l'état actuel de la législation*, dénué de tout moyen de mettre fin à une aussi regrettable situation. »

Cette loi ne peut pourtant par rester, selon l'expression de M. Jules Favre, une dangereuse illusion : que faire donc ?

On proclame sur tous les tons que la France est assez riche pour payer sa gloire. Serait-elle, par hasard, trop pauvre pour assurer son repos et sa tranquillité, pour se protéger contre les malfaiteurs, c'est-à-dire pour construire des prisons ?

Nous comprenons que le gouvernement ait reculé en 1875, à une époque où nos charges publiques venaient d'être si lourdement augmentées, devant la dépense de 63 millions à laquelle était évaluée la transformation des prisons. Mais aujourd'hui nos finances sont dans un état assez prospère pour permettre d'entreprendre de tous côtés de grands travaux d'utilité publique. Qu'est-ce que 63 millions de plus ou de moins? Une aussi faible dépense ne pourrait ruiner notre crédit.

Est-il même bien certain qu'elle s'élève à 63 millions? Depuis la guerre, la population civile et militaire des chefs-lieux de département s'est notablement accrue; il en a été de même dans un grand nombre de chefs-lieux d'arrondissement. Par suite, dans beaucoup de villes, les logements sont devenus rares et les loyers très élevés.

Les prisons départementales sont généralement situées à proximité des palais de justice, dans des quartiers où le terrain à bâtir a acquis une grande valeur. Nous sommes donc porté à croire que la construction des prisons cellulaires aux portes des villes, dans le voisinage des casernes, serait peu onéreuse pour les départements et pour l'Etat : la vente du terrain qu'occupent les prisons actuelles et des matériaux provenant de leur démolition couvrirait la plus grande partie des frais de la nouvelle installation. A l'appui de notre opinion, nous pouvons citer l'exemple du département du Loiret : le vaste emplacement sur lequel est située la prison d'Orléans doit être prochainement exproprié par cette ville, et l'indemnité qu'elle versera entre les mains du département fera face à la majeure partie des dépenses que nécessitera la fondation d'un établissement cellulaire en dehors de l'enceinte de la ville.

La prison nouvelle sera beaucoup plus hygiénique que l'ancienne; elle se trouvera en outre sous la protection d'une nombreuse garnison casernée dans les mêmes parages. Le service de la prison sera un' peu plus pénible pour la gendarmerie établie au centre de la ville. Mais pouvait-on s'arrêter devant un inconvénient aussi minime? L'administration militaire ne l'a pas pensé, car elle n'a fait aucune opposition au nouveau projet.

Il nous semble que rien ne s'oppose à ce qu'on procède, dans les autres villes, de la même manière qu'à Orléans. Cependant la réforme d'ensemble, même envisagée à ce point de vue, ne pourra être conduite avec célérité que si le gouvernement en prend l'initiative. Il est donc nécessaire que les dispositions de la loi de 1875 soient modifiées dans le sens du premier projet de la commission.

CHAPITRE V

DE LA TRANSPORTATION DES RÉCIDIVISTES INCORRIGIBLES. — PROPOSITION DE LOI.

Supposons que d'ici quelques années, par suite des changements qui auront été introduits dans la loi de 1875, la transformation des prisons départementales soit accomplie. Notre système pénitentiaire sera-t-il parfait? Tout sera-t-il pour le mieux du monde dans le meilleur des mondes? Non, car il restera encore un terrible problème à résoudre : il restera à statuer sur le sort des incorrigibles. Que le régime pénitentiaire actuel favorise l'œuvre de démoralisation à laquelle ces individus se vouent corps et âme dans les prisons, c'est un fait indéniable. Mais peut-être certains partisans enthousiastes du régime cellulaire soutiendront-ils que son application procurera l'amendement de cette catégorie de malfaiteurs. A notre avis, considérer ainsi l'emprisonnement individuel comme une panacée serait une méprise profonde. Lorsque la loi de 1875 sera sérieusement mise en vigueur, la promiscuité continuera toujours à régner dans les prisons centrales; les incorrigibles, qui ne manqueront pas d'y faire de fréquents séjours, continueront aussi à y répandre le désordre et la corruption.

Dans les maisons départementales, ces génies du mal seront momentanément réduits à l'impuissance. Mais le maximum de la durée de la détention dans ces maisons, qui est d'un an aujourd'hui, ne sera plus que de neuf mois. Cette période de neuf mois pourra permettre à l'administration pénitentiaire, dirigée et secondée selon le vœu de M. Bérenger, de moraliser les détenus qui n'auront subi que deux ou trois condamnations légères. Mais pourra-t-elle obtenir le même résultat auprès des criminels et délinquants d'habitude? Elle n'y essaiera même pas, convaincue à l'avance que sa peine serait perdue, et elle aura raison. Tels ces récidivistes entreront dans la prison cellulaire, tels ils en sortiront, ennemis jurés du travail, pour s'adonner sans réserve à la débauche, au vagabondage et au vol. Alors ils feront de leur liberté l'usage qu'ils font aujourd'hui; ils parcourront la France dans tous les sens, toujours à la piste de quelque exploit.

Ils savent qu'en France personne ne meurt de faim, que dans la huche du paysan le plus misérable, de l'ouvrier le plus nécessiteux, il y aura toujours un morceau de pain pour eux ; ils pourront donc attendre les bonnes aubaines qui ne manqueront pas de s'offrir à eux.

Devant ces criminels endurcis, dont les mauvaises passions sont toujours en éveil, la société peut-elle rester indifférente? Peut-elle tolérer plus longtemps les dangers que fait naître pour elle la présence de l'armée du crime sur le territoire de la France? Non, mille fois non. Le repos de 36 millions de citoyens ne peut être inquiété par quelques milliers de bandits. Il faut prendre contre eux, le plus promptement possible, des mesures efficaces, des mesures radicales. Mais quelles seront ces mesures? S'agit-il d'adopter la solution indiquée par M. le docteur Le Bon dans la Revue philosophique? «Nous pouvons déjà, dit-il, prévoir le jour où les civilisations mo-

dernes n'arriveront à se défaire de *cette armée* qu'au prix de
ces hécatombes gigantesques qui font frémir l'histoire. »
Loin de nous la pensée de nous rallier à ce système vraiment
trop inhumain ! Nous ne voulons pas prêcher contre eux une
guerre d'extermination qui, Dieu merci! ne serait pas tolé-
rée par nos mœurs. Méditer de semblables hécatombes, ce
serait manquer notre but en le dépassant. Nous demandons
seulement que l'on mette ces dangereux repris de justice
hors d'état de nuire : pour cela, il suffira de les expatrier, de
les transporter au delà des mers.

Au surplus, l'idée de transportation des récidivistes n'est
pas une idée nouvelle ; elle a fait plus d'une fois son apparition
dans nos lois et elle a même été mise en pratique. .

Le financier Law avait tenté de peupler les contrées du
Mississipi avec des repris de justice et des prostituées ; mais
une fois débarqués, les transportés étaient abandonnés à leurs
propres forces, et beaucoup d'entre eux succombaient sous
les étreintes de la misère. C'étaient plutôt des bannis que des
transportés.

L'art. 1er du titre Ier du Code pénal de 1791 ordonnait que
tout individu condamné pour second crime serait, après
l'expiration de sa peine, déporté dans une colonie.

Par la loi du 24 vendémiaire an II, qui avait pour but
l'extinction de la mendicité, l'Assemblée nationale avait
établi la peine de la transportation contre les mendiants récidivistes. La loi du 11 brumaire de la même année avait dési-
gné l'île de Madagascar comme lieu de transportation des individus qui tombaient sous le coup de la loi précédente.
Malheureusement les préoccupations qui assaillirent le gouvernement d'alors, et sans doute les guerres de la République
et de l'Empire avec l'Angleterre, ne permirent pas de mettre
ces deux lois à exécution.

Un décret du 8 décembre 1851, dont la légalité a été con-
testée à bon droit, donnait à l'administration le droit de trans-

porter à Cayenne ou en Algérie les individus convaincus
d'avoir rompu leur ban ou d'avoir fait partie d'une société
secrète. Ce décret avait donc un caractère politique que nous
n'avons pas à apprécier. Quant aux mesures qu'il prescrivait
contre les surveillés, elles sont tombées peu à peu en désué-
tude, à cause de l'arbitraire qui était laissé à l'administration
pénitentiaire. Pendant toute la durée de l'Empire, 1,000 ou
1,200 surveillés au plus, convaincus d'avoir rompu leur ban,
ont été transportés non pas en Afrique, mais en Guyane seulement. En 1870, cette colonie contenait 563 transportés de
cette catégorie. Le décret du 8 décembre 1851, à raison de
son caractère politique, a été abrogé par le gouvernement de
la Défense nationale, le 24 octobre 1870. En résumé, à l'heure
actuelle, tous les récidivistes, surveillés ou non, quelques
brillants états de services qu'atteste leur casier judiciaire,
reçoivent l'hospitalité sur le sol de la mère patrie.

Mais si l'on doit transporter dans une des possessions françaises d'outre-mer les plus pervertis d'entre eux, les incorrigibles, et maintenir au contraire sur le sol continental les
récidivistes susceptibles d'amendement, comment pourra-t-
on distinguer les uns des autres? Quel sera le criterium des
incorrigibles?

Il faut reconnaître tout d'abord que l'institution du casier
judiciaire relatant exactement toutes les condamnations an-
térieures des prévenus et des accusés, les causes et la nature
de ces condamnations, est d'un puissant secours pour apprécier leur degré de perversité.

Ainsi, les condamnations à l'amende qui sont mentionnées
sur les bulletins du casier judiciaire, ne sont généralement
infligées que pour des fautes légères. Elles peuvent entacher
l'honneur et la réputation de ceux qu'elles atteignent, mais elles
ne dénotent pas des penchants irrésistibles au mal. Au fond,
elles constituent des avertissements donnés par la justice à
des délinquants qui ne font pas courir de grands dangers à

la société. Il serait donc ridicule de demander que ces condamnations fussent comprises dans le calcul des peines qui devront entraîner la transportation.

Nous en dirons autant des condamnations à l'emprisonnement prononcées :

- 1°Pour crime ayant un caractère politique; 2° en vertu du Code pénal, pour défaut de déclaration de naissance, outrages à des magistrats, à des fonctionnaires ou à des ministres du culte, coups et blessures volontaires sans gravité, blessures ou homicide involontaires, adultère, inhumation illégale, détournement d'objets saisis par les saisis, banqueroute simple, organisation de loteries clandestines, tenue de maisons de jeux de hasard sans autorisation; entrave à la liberté des enchères, à la liberté du travail et de l'industrie; révélation de secret de fabrique.;

3° Pour délits de presse ou de parole, à l'exception des outrages à la morale publique;

4° En vertu des lois spéciales sur la chasse, la médecine, la pharmacie, le recrutement, les chemins de fer, les élections, les attroupements, l'instruction publique, etc... à l'exception des infractions aux interdictions de séjour en France et dans certaines villes, des obstacles apportés à la circulation des chemins de fer, des actes de contrebande commis par des douaniers, de la baraterie et de la piraterie;

5° Pour contravention aux lois et règlements fiscaux sur les domaines, les contributions indirectes, les forêts, la pêche, les octrois, les postes, la marine, les mines, le roulage;

6° Par application du Code de justice militaire, sauf les exceptions dont nous donnerons l'énumération plus loin.

En effet, les condamnations dont les causes rentrent directement ou par analogie dans le cadre que nous venons de tracer, accusent l'imprudence, la violence de caractère, la cupidité, des passions plus ou moins vives, mais non la perversité, l'immoralité et la haine de l'ordre social. Ceux qui les encou-

rent peuvent être considérés comme des citoyens peu respec-
tueux de la légalité, partant peu estimables, mais ils ne doivent pas être considérés comme des malfaiteurs dangereux.

Mais peut-on ne pas considérer comme des fautes graves,
comme des fautes portant atteinte à l'ordre public, les con-
cussions des fonctionnaires, les rébellions, les violences envers les agents de la force publique, les attentats à la pudeur,
les crimes et délits contre l'enfance, les faux, les vols, etc., etc.?
La gravité exceptionnelle des faits de cette nature n'échappe
à personne, pas même à ceux qui s'en rendent coupables.

La loi que nous réclamons devrait donc négliger les condamnations à l'amende et contenir l'énumération limitative
des condamnations à l'emprisonnement, qui, d'après leurs
causes, seraient susceptibles d'entraîner, par voie de conséquence, la transportation des individus qu'elles auraient atteints. Toutefois, il ne peut être question de transporter tous
ceux qui auront été condamnés une première fois à l'emprisonnement ou à la réclusion. Le bon sens et, on peut dire,
aussi l'opinion publique ne réclament l'application de cette
mesure de sûreté qu'aux récidivistes dont les antécédents
judiciaires font juger impossible le retour dans les rangs de
la société régulière.

On ne nous taxera pas d'exagération si nous soutenons que
tous ceux qui ont subi au moins dix condamnations à l'emprisonnement pour vol, vagabondage, rupture de ban, etc...
se trouvent précisément dans ce cas et peuvent être à bon
droit qualifiés *incorrigibles*. Est-il même toujours nécessaire
qu'un malfaiteur ait été dix fois frappé par la justice pour
qu'on doive désespérer de son amendement? L'expérience de
tous les jours nous prouve le contraire. Bien des criminels
condamnés trois ou quatre fois par les cours d'assises et qui
ont passé déjà sept ou huit années dans les maisons centrales
peuvent hardiment donner la main aux repris de justice dont
nous venons de parler; les uns valent les autres; tous ont

connu et pratiqué tous les vices. Les aiguillons du remords peuvent encore tourmenter leur âme souillée, mais ils ne peuvent plus les mener au repentir.

Au point de vue moral, il n'y a qu'une bien légère différence entre le voleur qui s'introduit dans une maison par une porte non fermée à clef et celui qui, pour y pénétrer, brise un carreau de vitre. Cependant, au point de vue pénal, l'acte du premier est qualifié délit, et l'acte du second, crime ; c'est surtout l'occasion qui a fait que l'un de ces larrons est un délinquant et l'autre un criminel. Nous irons même plus loin ; nous dirons que bien des faits qualifiés délits par le Code pénal sont plus graves que d'autres faits qualifiés crimes. Le changeur, par exemple, qui s'enfuit à l'étranger emportant une centaine de mille francs provenant des cautionnements de ses employés et des dépôts de ses clients, ne commet qu'un délit aux yeux de la loi ; le clerc d'huissier, chargé de famille et appointé à 80 francs par mois, qui détourne 200 francs au préjudice de son patron, commet un crime. Qui donc oserait soutenir que le criminel est plus coupable que le délinquant ? L'administration pénitentiaire sait bien, du reste, que la proportion des condamnés insoumis et réfractaires aux lois est aussi grande dans les maisons départementales que dans les maisons centrales ; qu'ici et là il se trouve un certain nombre de condamnés qui ne donnent plus d'espoir de guérison.

En résumé, le degré de perversité des récidivistes est facile à apprécier d'après le nombre et les causes des condamnations qu'ils ont subies, la durée des peines qui leur ont été infligées, mais il est indépendant de la qualification légale des fautes qu'ils ont commises.

Nous n'admettrions pas davantage que la loi établît une distinction entre les hommes et les femmes récidivistes. Tout individu qui s'est lancé à corps perdu dans le mal, dont la démoralisation est complète, doit être extirpé du sol de la mère patrie, quel que soit son sexe. Sans doute, les femmes jouent rarement dans les crimes audacieux le rôle d'auteurs principaux ; mais elles en sont souvent les instigatrices. La volonté qui ordonne est-elle moins coupable que le bras qui frappe ? Le Code pénal en a décidé autrement, et en cela il a été sage. Il serait donc irrationnel de s'écarter du principe qu'il a posé : hommes et femmes récidivistes doivent être traités de la même façon.

Le décret du 8 décembre 1851 assujettissait les surveillés qui rompaient leur ban à la transportation pour cinq ans au moins et dix ans au plus ; mieux eût valu la transportation perpétuelle. Nous avons eu déjà l'occasion de regretter que la transportation des forçats fût temporaire dans certains cas en vertu de la loi de 1854. C'est dire que nous désirerions que les récidivistes incorrigibles fussent aussi éloignés à jamais de la mère patrie. S'ils sont admis à rentrer en France au bout d'un certain temps de séjour dans les colonies, ils y reprendront leurs anciennes habitudes devenues pour eux non seulement une seconde nature, mais plus fortes que la nature même. Même pendant leur éloignement, l'espoir du retour dans leur pays natal aidant, ils ne se livreront aux travaux de colonisation qu'avec le plus grand dégoût.

Peut-on laisser à l'administration le soin de désigner les récidivistes qui seront mûrs pour la transportation ? Un tel arbitraire serait contraire aux principes fondamentaux de nos lois, qui avaient été gravement méconnus par le décret du 8 décembre 1851. La transportation sera une peine accessoire, si l'on veut, mais ce sera une peine. Il n'appartiendra donc qu'aux tribunaux correctionnels et aux cours d'assises de la prononcer. L'administration elle-même ne s'est pas montrée bien jalouse du privilège qui lui avait été octroyé en 1851. Nous pensons donc que personne n'a le désir de le lui restituer.

Les cours d'appel ont été divisées sur la question de savoir si la transportation devait être facultative ou obligatoire. Prenons, comme exemple, un récidiviste venu pour répondre devant un tribunal correctionnel d'un nouveau méfait qui motive sa condamnation en une année d'emprisonnement. Supposons que, suivant le tarif établi par la loi et d'après l'examen de son casier judiciaire, il soit *transportable;* le tribunal *devra-t-il* lui infliger la peine accessoire de la transportation? pourra-t-il, au contraire, l'en dispenser? Nous ne dissimulerons pas nos préférences pour le système de la transportation obligatoire. Si elle était facultative, en effet, certains tribunaux, plus rigoureux dans l'application de la loi, ordonneraient cette mesure toutes les fois que le casier judiciaire des condamnés le leur permettrait. D'autres, au contraire, naturellement portés à l'indulgence, dispenseraient presque toujours les récidivistes de la transportation. Il en résulterait, au point de vue des idées de justice, des différences choquantes dans la situation de ces individus. Égaux par leurs fautes, ils doivent être égaux devant la peine. Mais, dira-t-on, cette égalité, maintenue d'une manière absolue, ne sera-t-elle pas cruelle et imméritée à l'égard d'un certain nombre de mendiants et de vagabonds adonnés sans doute à une paresse incurable, mais trop peu astucieux pour devenir des voleurs ou trop peu énergiques pour devenir des assassins? Cette objection n'est pas fondée. La paresse engendre tous les vices, et nous ne croyons pas à l'innocuité des individus qui s'y sont voués. De ce qu'ils n'ont jamais subi de condamnation pour vol, on n'est pas autorisé à conclure qu'ils n'ont jamais volé. Si, abandonnés à eux-mêmes, ils sont incapables de commettre un crime, ils peuvent cependant, dans la main des malfaiteurs qu'ils ont coudoyés dans les prisons, devenir des instruments dociles. En les maintenant en France, on ne servirait même pas leurs véritables intérêts; car ils continueraient à fréquenter assidûment les prisons et les dépôts de mendicité, à vivre, en un mot, dans une atmosphère peu favorable à leur santé, dans des conditions misérables. Dans la colonie, au contraire, ils seront contraints par la nécessité à se livrer aux travaux fortifiants des champs et à vivre d'une vie régulière.

Qu'on admette des exceptions en faveur des sexagénaires et des adultes trop faibles pour supporter les fatigues du voyage, rien de mieux. Mais, à part ces deux catégories, il est désirable que tous les incorrigibles soient assujettis à la transportation.

Pour qu'on ne nous reproche pas d'être resté dans le domaine des généralités, nous avons précisé nos idées sur cette matière dans une proposition de loi qui sera la conclusion du présent chapitre :

PROPOSITION DE LOI.

Art. 1er. — Quiconque aura été condamné dix fois par les tribunaux correctionnels ou par les cours d'assises à des peines corporelles, sera, à l'expiration de sa dixième peine, transporté dans une des possessions françaises autre que l'Algérie, où il sera tenu de résider à perpétuité.

Art. 2. — Dans le calcul du nombre ci-dessus, chaque condamnation à un emprisonnement d'une durée égale ou inférieure à une année comptera pour *une;* chaque condamnation à un emprisonnement de plus d'un an, jusqu'à deux ans inclusivement, comptera pour *deux;* chaque condamnation à un emprisonnement de plus de deux ans, jusqu'à trois ans inclusivement, comptera pour TROIS; chaque condamnation à un emprisonnement de plus de trois ans, jusqu'à *quatre* ans inclusivement, comptera pour *quatre;* chaque condamnation à un emprisonnement de plus de quatre ans, ou à la réclusion, comptera pour *cinq.*

Art. 3. — N'entreront dans le calcul prescrit par les art. 1 et 2 de la présente loi que les condamnations pour rupture de ban, soustraction par un dépositaire de deniers publics, concussion par un fonctionnaire public, rébellion, violences envers des fonctionnaires ou des agents de la force publique,

recèlement de criminels, association de malfaiteurs, vagabondage, mendicité, meurtre, assassinat, parricide, infanticide,
empoisonnement; violences volontaires suivies de mutilation,
amputation ou privation de l'usage d'un membre, cécité,
perte d'un œil ou autres infirmités permanentes, ou ayant
occasionné la mort, mais sans intention de la donner; violences
précédées de préméditation ou guet-apens, et suivies de l'une
des infirmités ci-dessus ou de la mort; coups et blessures à
des ascendants, castration, avortement; administration (volontaire et suivie d'effet) d'aliments nuisibles à la santé, outrage
public à la pudeur, attentat à la pudeur avec ou sans violence, viol, excitation de mineur à la débauche, bigamie, séquestration; enlèvement, recélé ou suppression d'un enfant;
substitution d'un enfant à un autre; exposition et délaisse-
ment en un lieu solitaire ou non d'un enfant au-dessous de
sept ans, enlèvement de mineur, faux témoignage en matière
criminelle, vol simple ou qualifié, filouterie d'auberge, banqueroute frauduleuse, escroquerie, abus de confiance, incen-
die volontaire, dévastation de récoltes sur pied, destruction
volontaire d'arbres appartenant à autrui, bris de clôture,
obstacle à la circulation des chemins de fer, extorsion de titres
ou de signatures, contrebande par un douanier, baraterie et
piraterie; infraction à un arrêté d'interdiction de séjour
dans une ville ou d'expulsion du territoire français.

Art. 4. — Les condamnations pour tentative ou complicité
de l'un des crimes et délits compris dans l'énumération de
l'article précédent seront assimilées aux condamnations pour
ces mêmes crimes et délits.

Art. 5. — Les peines infligées par les tribunaux de la juridiction militaire seront assimilées à celles infligées par les
tribunaux de la juridiction civile, lorsqu'elles seront moti-
vées par des faits compris dans l'énumération des arti-
cles 2 et 3.

Art. 6. — La présente loi ne sera pas applicable aux récidivistes qui auront atteint l'âge de soixante ans révolus au jour de leur libération.

Art. 7. — Les individus transportés pourront quitter momentanément la colonie par autorisation du gouverneur; ils ne pourront, en aucun cas, être autorisés à se rendre en France.

Art. 8. — Toutefois, ils pourront être dispensés de l'obligation de la résidence par voie de grâce, au bout de dix ans de séjour dans la colonie.

Art. 9. — Tout individu qui, à dater de son embarquement, se sera rendu coupable d'évasion, qui aura quitté la colonie sans autorisation ou aura dépassé le délai fixé par l'autorisation, sera puni de la peine d'un an à trois ans d'emprisonnement.

Art. 10. — Les infractions prévues par l'art. 9 et tous crimes et délits commis par les transportés seront jugés par les tribunaux dans le ressort desquels ils auront été pris, ou par l'autorité judiciaire civile établie dans la colonie.

Art. 11. — Les transportés pourront obtenir des concessions de terrain, provisoires ou définitives, et la faculté de les cultiver pour leur propre compte.

Art. 12. — Un règlement d'administration publique déterminera tout ce qui concerne l'exécution de la présente loi, et notamment : 1° le régime disciplinaire des transportés; 2° les conditions sous lesquelles des concessions de terrain provisoires ou définitives pourront leur être faites.

Art. 13. — Les femmes et les enfants des transportés pourront être autorisés à les accompagner dans le lieu de la transportation.

Art. 14. — La transportation des récidivistes devra être ordonnée par les tribunaux, d'après la constatation de leurs antécédents judiciaires. Toutefois, l'administration pourra ajourner la transportation des individus que leur faiblesse physique mettrait hors d'état de supporter les fatigues du voyage en mer.

Art. 15. — Les condamnations pour faits prévus par l'article 3, prononcées antérieurement à la promulgation de la présente loi, seront, en cas de condamnation postérieure, comprises dans le calcul prescrit par les art. 1 et 2.

CHAPITRE VI

DU CHOIX DE LA NOUVELLE-CALÉDONIE COMME LIEU DE TRANSPORTATION DES RÉCIDIVSITES.

La colonie dans laquelle les récidivistes seront transportés devra réunir trois conditions principales : elle devra être éloignée de France et isolée de manière à rendre les évasions à peu près impossibles ; son climat devra être salubre et son sol assez fertile pour assurer au travail une juste rémunération.

A nos yeux, l'île de la Nouvelle-Calédonie, sur laquelle sont actuellement dirigés tous les forçats de la France continentale, répond à tous ces besoins. Elle est située dans l'océan Pacifique à l'est de l'Australie et à environ trois mille lieues de la France. Ses côtes sont entourées de récifs qui en rendent l'accès très dangereux, pour ne pas dire impossible aux vaisseaux, si ce n'est aux environs de Nouméa, capitale de l'île. Les évasions définitives des transportés et leur retour en France ne seront guère à redouter à raison des obstacles matériels qui s'y opposent et des frais considérables du voyage.

On peut en juger par ce qui se passe pour les forçats : depuis l'arrivée des premiers convois, c'est-à-dire depuis dix-huit ans, vingt individus tout au plus, s'il faut en croire les témoignages de l'enquête ordonnée par la Chambre des députés, sont parvenus à s'éloigner de l'île. Dans ce nombre,

en est-il beaucoup qui aient pu gagner les côtes de France
et rentrer dans leur patrie ? Nous ne le pensons pas.

Il est bien entendu que nous laissons de côté l'évasion de
M. Rochefort et de ses congénères politiques, à cause des
circonstances particulières dans lesquelles elle s'est accomplie. Heureusement les transportés de droit commun ne laissent
pas comme lui en France des amis disposés à sacrifier
100,000 francs pour leur rapatriement.

La Nouvelle-Calédonie a une surface de quatre-vingt-dix
lieues de long sur douze à quatorze lieues de large ; son territoire représente donc trois ou quatre de nos départements
de grandeur moyenne. A l'heure actuelle, la colonisation n'a
envahi qu'une bien faible partie de l'île ; elle s'étend sur un
rayon de huit à dix lieues au plus, autour de Nouméa; on voit
par là que l'œuvre entreprise est loin d'être terminée.

Les Canaques sont répandus, au nombre de 60,000 environ,
sur toute la surface de l'île.

Quant au climat, tout le monde est d'accord pour en vanter
les avantages. M. Le Prévost, qui ne paraît pas avoir conservé
de bons souvenirs de son séjour dans l'île en qualité de chi-
rurgien de marine, a reconnu cependant devant la commission d'enquête que « son climat est le plus beau du monde.
Il n'y fait pas trop chaud, a-t-il ajouté. La moyenne de la
température est de 27 degrés dans la saison chaude, de 21
à 22 degrés dans la saison froide ; l'écart est par conséquent
très peu sensible. A Nouméa, dans les casernes il n'y a pas
un cas grave de maladie; parmi les colons il y en a quelques-
uns, mais c'est très rare. Il n'y a pas de maladie endémique.»
En vérité, la température qui règne là-bas rappelle l'éternel
printemps que chantait Ovide et après lequel soupirait
Mignon.

Nous n'avons pas en France un seul coin de territoire aussi
privilégié à ce point de vue ; les villes de Pau et de Nice
même jouissent bien en hiver d'une température aussi douce,

mais elles sont souvent desséchées en été par une chaleur torride.

M. Le Prévost, faisant le procès du régime pénitentiaire des forçats, a prétendu que les décès s'élevaient annuellement parmi eux à 3 0/0 environ. Mais il est en désaccord avec les renseignements publiés par le ministère de la marine, qui portent ce chiffre à 2 0/0 environ. En admettant même les données de M. Le Prévost, nous serions en droit de dire que le régime hygiénique est meilleur que celui des maisons centrales, où les décès atteignent la proportion de 3,70 0/0. Mais les récidivistes devront être libres dans la Nouvelle-Calédonie; leur existence, malgré les mesures de surveillance dont ils seront l'objet, se rapprochera plutôt de celle des colons que de celle des forçats, et les maladies devront faire relativement peu de ravages parmi eux.

Non seulement le climat est sain, mais le sol est en général fertile ; c'est ce qui résulte des documents géographiques que nous avons consultés et des renseignements que nous avons recueillis. Il faut faire exception pour les terrains montagneux ; cela va de soi. Mais les vallées possèdent une couche d'humus assez considérable et peuvent donner des produits très rémunérateurs. Celle du Diahot, où l'administration pénitentiaire a fondé l'établissement du Kanala, est justement réputée pour sa fertilité. Il en est de même de Saint-Vincent et de la baie de Rony.

La culture de la canne à sucre donne les meilleurs résultats. Les concessionnaires s'y adonnent volontiers. Leurs produits sont achetés par l'administration et destinés à alimenter une sucrerie fondée il y a quelques années. Cette industrie est en voie de prospérité et son développement pourra assurer du travail aux récidivistes. L'administration ou les particuliers pourront fonder dans les régions les plus fertiles de nouvelles sucreries autour, desquelles viendront se grouper les concessionnaires.

Tout le monde reconnaît que le sol de la colonie est assez propice pour la production du tabac et du maïs ; rien n'empêchera les nouveaux transportés de s'adonner sur une grande échelle à la culture de ces deux plantes.

Les avis sont plus divisés à l'égard des céréales et des légumes. MM. Rochefort et Le Prévost, — qui n'ont vu d'ailleurs qu'une faible partie de l'île, — soutiennent qu'au bout de quelques années le sol se trouve épuisé par les produits de cette nature. M. Rochefort n'est même resté à la Nouvelle-Calédonie que trois mois, une saison de bains de mer, a-t-il dit ; il n'a donc pu assister à ces phénomènes. Il ne les a connus que par ouï-dire et il a pu être mal renseigné.

Les assertions de ces deux témoins sont contredites par certains condamnés de la Commune, qui s'appuient, eux, sur leur expérience personnelle : « Ceux qui voulaient cultiver leur jardin, a dit entre autres le sieur Gaige, qui avait été interné à la presqu'île Ducos, pouvaient gagner quelque chose. On avait mis à notre disposition un chaland qui portait tous les jours les produits de notre culture au marché de Nouméa... J'ai envoyé ainsi beaucoup de produits. »

Il résulte d'autres témoignages de l'enquête qu'il existe aux environs de Nouméa des jardins vastes et fertiles.

Depuis quelques années on a essayé de propager dans l'île la culture du froment. Les premiers essais ont été faits à la ferme d'Yaoué ; si par hasard ils ne devaient pas réussir, il serait facile de substituer la culture du maïs à celle du froment.

La culture du café devra être particulièrement encouragée. D'après M. Arnold, architecte, entendu dans l'enquête parlementaire, « la Nouvelle-Calédonie contient des éléments de prospérité tels qu'elle pourrait, pour certains produits, le café, par exemple, suppléer notre colonie de Bourbon et même remplacer notre ancienne colonie de Saint-Maurice. Au bout de trois ou quatre ans, un pied de café représente

1 fr. de revenu. Un are de terre peut contenir 1,000 pieds de café, de sorte qu'au bout de trois ou quatre ans, il peut donner 1,00) fr. de revenu. La couche d'humus est bien assez profonde pour cette culture. On a prétendu que l'eau manquait ; c'est une erreur. Dans toute l'île, on peut avoir de l'eau tant qu'on en veut ; il y a partout des cours d'ea qui ne tarissent jamais. »

Nous avons tenu à puiser ces renseignements sur les richesses de la Nouvelle-Calédonie dans les dépositions des ex-déportés de la Commune, car ces témoins ne sont évidemment pas suspects d'optimisme. Mais il est de notre devoir de les compléter par ceux que nous devons à l'obligeance de l'honorable M. Michaux, directeur des colonies au ministère de la marine, dont la compétence, en pareille matière, ne peut être récusée : « La Nouvelle-Calédonie, nous a-t-il déclaré, renferme des richesses minérales considérables, en outre de ses richesses agricoles qui sont sérieuses. »

Nous ne pensons donc pas que le gouvernement puisse trouver un terrain plus propice pour la transportation des récidivistes.

Cette colonie pourrait facilement contenir 1 million d'habitants, et la population, tant indigène que civilisée, comprend à peine 100,000 âmes. En admettant que chaque année les convois de transportés comprennent 1,000 forçats et 3,000 incorrigibles, il s'écoulera bien du temps avant qu'on ne puisse redouter un encombrement. Les récidivistes, qui pourront être atteints rapidement par la nouvelle loi, pullulent sur le territoire de la France, et, dans les deux ou trois premières années, le nombre des transportés devra être bien supérieur à celui que nous venons d'indiquer. Mais, après ce premier nettoyage des écuries d'Augias, il décroîtra sensiblement.

Nous n'irons pas jusqu'à prétendre que le succès du régime qu'il s'agit d'appliquer aux récidivistes soit lié indissolublement au choix de la Nouvelle-Calédonie comme lieu de transportation. Si donc on devait diriger ces individus dans une autre colonie, il faudrait s'assurer qu'elle réunit les conditions indispensables : la salubrité du climat, les ressources agricoles et minérales, et surtout l'éloignement de la mère-patrie. Si les récidivistes devaient résider dans une contrée trop rapprochée du théâtre de leurs anciens exploits, ils n'auraient d'autre préoccupation que celle d'y rentrer en scène. Les évasions se multiplieraient à l'infini et le travail serait abandonné même par ceux qui ne parviendraient pas à réaliser leurs projets.

Au cours de la discussion de la loi de 1875, sur l'emprisonnement individuel, M. Bouchet avait émis l'idée de fonder, en Algérie, des établissements agricoles peuplés de repris de justice. Si ce système devait être mis en pratique, il amènerait rapidement les plus funestes conséquences. Un grand nombre de ces individus déserteraient les résidences qui leur seraient assignées, malgré la surveillance active dont ils seraient l'objet, pour aller reprendre dans le nord de l'Algérie leurs anciennes habitudes et semer dans cette conrée le désordre et l'épouvante. Non seulement l'état actuel de notre colonie africaine ne permet pas de faire un essai aussi dangereux, mais le jour même où la dernière des tribus insoumises sera pacifiée, il serait encore imprudent de donner suite à l'idée de M. Bouchet. L'Algérie possède actuellement plus de 3 millions d'habitants, et les récidivistes, si jamais ils sont appelés à vivre au milieu d'eux, sauront s'affranchir du travail et se nourrir à leurs dépens. Déjà, dans les colonies agricoles établies en France, bien des enfants et des adolescents, abusant de la liberté relative que comporte forcément la nature de leurs occupations, parviennent à s'évader. Il suffit, pour s'en convaincre, de jeter les yeux sur les bulletins mensuels, publiés par les soins du ministère de l'intérieur. Que serait-ce si elles étaient peuplées par des adultes?

Que serait-ce en France et en Algérie? Les bâtiments et les terrains des colonies pénitentiaires de cette nature deviendraient bientôt une vaste solitude.

Le second Empire a installé, en Corse, à Castelluccio et à Chiavari, deux pénitenciers agricoles destinés, non pas à des libérés, mais à des condamnés. Il paraît que les tentatives de moralisation des détenus n'y ont pas produit les résultats qu'on attendait. Cela tient, d'après M. Bouchet, à ce que l'administration y astreint les détenus à un régime qui se rapproche beaucoup de celui des maisons centrales. Mais, l'administration pénitentiaire pouvait-elle agir autrement dans un pays où la population libre est relativement nombreuse? Elle a cherché, avant tout, à éviter les évasions, et les mesures qu'elle a prises dans ce but ont augmenté la promiscuité et fait échouer l'œuvre de colonisation et de moralisation qu'elle avait entreprise. Nous résumerons ces considérations dans le dilemme suivant : si le gouvernement transportait les récidivistes libérés en Corse, ou en Algérie, ou dans toute autre contrée relativement peuplée, ou bien il leur laisserait la liberté nécessaire pour vaquer aux travaux agricoles, alors ils s'enfuiraient pour se livrer à leurs passions favorites, ou bien il les resserrerait dans des limites étroites, de manière à éviter les évasions, et alors il les assujettirait, à titre de mesure préventive, à une sorte d'emprisonnement perpétuel; le système de la transportation aboutirait fatalement à l'emprisonnement *hors de France*. Mieux voudrait l'emprisonnement sur le sol continental, car il permettrait d'éviter les frais onéreux du voyage des récidivistes et du personnel administratif.

Nous avons ouï dire qu'il avait été question d'occuper l'une des nombreuses îles qui forment l'archipel des Nouvelles-Hébrides, pour en faire un lieu de transportation. Sans doute, il serait impossible aux transportés de s'en évader ou d'y subsister de vols et de vagabondage. Mais ces îles sont

mal connues et on peut élever des doutes sur leur salubrité
et leur fertilité. Lors même que toutes ces conditions s'y
trouveraient réunies, il faudrait toujours y faire des travaux
coûteux d'installation des services publics, et traverser une
période d'essais et de tâtonnements au moment où, d'après
ce que nous avons dit, les convois de transportés seraient les
plus considérables.

Pourquoi donc quitterait-on le connu pour l'inconnu, le
certain pour l'incertain? Pourquoi ne ferait-on pas profiter
les récidivistes des voies ouvertes à la colonisation dans la
Nouvelle-Calédonie? Une telle façon d'agir pourrait faire
avorter la réforme de notre système pénitentiaire qui intéresse au plus haut degré le salut social. La prudence et la
sagesse imposent donc le choix de cette île et nous espérons
qu'elles triompheront dans les conseils du gouvernement.

CHAPITRE VII

RÉGIME ÉCONOMIQUE, DISCIPLINAIRE ET MORAL DES RÉCIDIVISTES TRANSPORTÉS.

Dès que le nouveau régime sera mis en vigueur, les convois de récidivistes afflueront dans la colonie. Tous ces individus ne pourront être abandonnés à eux-mêmes; il faudra
nécessairement leur procurer du travail. Une bien lourde
tâche incombera donc à l'administration pénitentiaire; malgré son dévouement, elle pourrait être hors d'état d'y suffire,
si elle n'était guidée et soutenue par un décret réglementaire que nous considérons comme le complément nécessaire
de la loi. Le ministère de la marine connaît parfaitement les
ressources de toute nature que l'île renferme; il faut donc
espérer qu'il se conformera dans le plus bref délai aux prescriptions que le législateur formulera à cet égard.

Comment d'abord devra-t-il organiser le régime économique des transportés?

Ne perdons pas de vue qu'au jour de leur débarquement ces individus seront en état de liberté, et que, par suite, ils ne pourront être soumis, comme les forçats, à une période d'épreuve et d'observation dans le pénitencier de l'île Nou. Il nous semble qu'on pourrait les répartir en groupes et les diriger immédiatement sur divers points de l'île reconnus comme les plus fertiles; chaque groupe, composé de 150 à 200 individus, serait appelé à former un village.

Provisoirement on les logerait sous des tentes; leur santé ne souffrirait pas de ce régime, puisqu'en toute saison la température est également douce. Au surplus, cette expérience a été faite dans la colonie : des soldats d'infanterie de marine y ont campé pendant six mois consécutifs sans qu'un seul cas de maladie épidémique se soit déclaré parmi eux.

Les premières occupations des nouveaux venus consisteraient à creuser des puits et à tracer des rues sous la direction d'agents des ponts et chaussées, et sous la surveillance de quelques gardiens. On les emploierait ensuite à la construction d'une maison d'école, d'une chapelle, de logements pour les surveillants et de quelques cellules de détention. Pendant les travaux, les dispositions et les aptitudes spéciales de chaque individu pourraient être appréciées par les surveillants qui en instruiraient le gouverneur de la colonie chargé de statuer sur les demandes de concessions. Ceux qui seraient d'ores et déjà jugés dignes de cette faveur, recevraient une parcelle de terrain sur laquelle ils devraient édifier une case et quelques dépendances.

Quant à leurs camarades moins favorisés, l'administration pénitentiaire ne pourrait-elle pas les employer à des travaux agricoles dans une grande ferme qu'elle établirait à côté de chaque village? Les artisans des divers métiers, charpentiers, maçons, tailleurs, cordonniers, etc... trouveraient aussi du travail. Parmi les nouveaux venus, il se trouvera quelques ouvriers de fabrique, quelques employés de commerce et de bureau ; ceux-là s'engageraient avantageusement chez les habitants, commerçants ou industriels, et dans les services publics.

Le régime moral des transportés devra être l'objet de la sollicitude de l'administration supérieure. Nous demandions tout à l'heure que dans chaque village on bâtît une école et une chapelle. A la tête de chaque école serait placé un instituteur chargé à la fois de l'enseignement primaire et de l'enseignement de la morale. La fréquentation de l'école serait obligatoire pour tous ceux auxquels leur âge et leur intelligence permettraient d'en tirer quelque profit. Comme un bien petit nombre de ces habitués de nos prisons pratiquent leurs devoirs religieux, on confierait à un seul aumônier le soin de desservir deux ou trois chapelles ; il suffirait amplement à sa tâche. Nous insisterons spécialement sur la nécessité de répandre parmi eux les notions de la morale, ainsi que les éléments de l'instruction primaire. Les bienfaits de l'instruction seront d'autant plus précieux pour eux dans leur âge mûr que tous ou presque tous en ont été privés pendant leur jeunesse. Sans doute, au temps où nous vivons, aucun esprit sensé n'oserait plaider la cause de l'ignorance, qui est trop souvent la complice du mal ; cependant il faut avouer qu'on a jusqu'ici fait peu d'efforts pour la bannir des prisons départementales, des prisons centrales et même des colonies de jeunes détenus. Dans son ouvrage sur les établissements pénitentiaires, M. d'Haussonville constate que, sur 1,287 garçons que renfermaient les colonies agricoles au 31 décembre 1869, 147 savaient lire et écrire, 277 savaient lire seulement, et 863 étaient complètement illettrés. Parmi ces 863 illettrés, il se trouvait sans doute un grand nombre de natures rebelles. « Mais cette triste constatation, continue M. d'Haussonville, rend plus impérieuse encore l'obligation pour l'Etat,

qui s'est chargé de l'éducation de ces enfants, de suppléer
au défaut de leur éducation première.....; l'instruction est re-
léguée au second plan! »

Elle est encore bien plus négligée dans les maisons centrales, qui ne possèdent chacune qu'un seul instituteur pour
une population qui s'élève parfois à 1,000, 1,200 et même
1,800 détenus ; aussi la proportion de ceux qui fréquentent
l'école ne dépasse guère 15 à 18 pour 100. Enfin, dans les
prisons départementales, on peut dire que l'instruction est à
peu près nulle, puisque sur trois cent quatre-vingt-dix établissements de ce genre, neuf ou dix, au plus, sont pourvus
d'un instituteur. Il est donc désirable que l'Etat ne suive pas
les mêmes errements dans la Nouvelle-Calédonie. En arra-
chant violemment les récidivistes à leur sol natal, il se trouvera obligé à faire tous les sacrifices nécessaires pour soulager
leur misère, pour les rendre meilleurs, s'il est possible ; il
manquerait à ses devoirs s'il n'assignait pas un instituteur à
chaque village composé comme nous l'avons dit. Les Anglais
avaient bien compris que l'instruction publique est un élé-
ment indispensable à la prospérité d'une colonie fondée dans
de telles conditions : lorsqu'ils pratiquaient la transportation
des *convicts* en Australie, ils consacraient un quart des reve-
nus de cette province à l'enseignement.

Mais, pour que l'œuvre de la transportation des récidivistes
entre résolument dans la voie du progrès, il faudra surtout
que l'administration pénitentiaire cherche, par les moyens en
son pouvoir, à encourager les mariages et à faciliter la constitution des familles.

Les convois de transportés comprendront bien quelques
femmes, mais le nombre en sera relativement peu élevé.
D'après la statistique criminelle, sur cent individus condamnés chaque année par les tribunaux correctionnels et par les
cours d'assises, il se trouve quatre-vingt-six hommes et quatorze femmes, soit environ cinq sixièmes d'hommes et un

sixième de femmes. Comme celle des condamnées, la proportion des récidivistes est plus faible chez les femmes que chez les hommes. D'après les calculs auxquels nous nous sommes livré, il y aura, sur dix transportés environ, neuf hommes et une femme. La plupart des récidivistes du sexe féminin, étant célibataires, pourront se marier dans la colonie. D'un autre côté, le mouvement d'émigration des filles détenues dans les maisons centrales, dont nous avons déjà dit quelques mots, pourra profiter aux récidivistes ainsi qu'aux forçats. En offrant aux femmes et aux enfants des récidivistes quelques avantages, le voyage aux frais de l'Etat, une concession de terrain et des secours pécuniaires pour faire face aux frais de leur installation, il sera possible d'en déterminer une bonne partie à s'expatrier en même temps que le chef de la famille. Dans de telles conditions, le mari et les enfants des transportées consentiront peut-être aussi à les suivre. Reste enfin pour les récidivistes la possibilité de contracter mariage avec les jeunes filles élevées dans la colonie et avec les Canaques qui abandonneront leurs tribus.

Il faut bien avouer que la question de la constitution des familles est hérissée des plus grosses difficultés. Mais l'Etat, par ses sacrifices, et l'administration pénitentiaire, par son dévouement, parviendront à la résoudre en améliorant les éléments plus ou moins corrompus que la France rejettera de son sein.

Les fondateurs de Rome n'étaient, dit-on, qu'un ramassis de voleurs et de brigands. Leurs débuts furent pénibles :

Tantæ molis erat Romanam condere gentem !

Mais la persévérance rendit leur œuvre féconde.

Peut-être traitera-t-on nos espérances de chimériques puisqu'elles reposent sur l'amélioration de gens que nous avons appelés d'abord incorrigibles. A cette critique nous répondrons que si tous ces repris de justice sont incorrigibles en France, cela tient à ce qu'ils peuvent y vivre sans travailler. Mais, en Nouvelle-Calédonie, la loi inflexible du travail déracinera leur paresse invétérée. L'oisiveté vaincue, le cortège de vices qu'elle traîne à sa suite se dissipera peu à peu ; les incorrigibles seront corrigés.

Avons-nous besoin de dire que le régime disciplinaire des transportés devra être des plus sévères ? C'est une nécessité trop évidente pour qu'il y ait lieu d'en tenter la démonstration.

Mais quel régime leur appliquera-t-on ? sera-ce le régime civil, dont jouissent les habitants et les colons libres ? ou bien le régime militaire, auquel sont soumis les forçats, en exécution du décret du 29 août 1855 ? Les dispositions de ce décret ne nous paraissent pas conformes à l'esprit de la loi de 1854 sur l'exécution de la peine des travaux forcés.

Cependant les avantages incontestables que présente le régime militaire pour des natures violentes et emportées comme celles de la plupart des forçats, légitiment dans une certaine mesure l'application qui leur en est faite. On sait que la rigueur de ce régime était même aggravée, jusque dans ces derniers temps, par les peines corporelles qui n'ont été abolies que par le décret du 18 juin 1880. Le décret en question ne visant que les condamnés est inapplicable aux forçats libérés ; on est d'autant plus en droit d'émettre cette opinion que, parmi les peines qu'il établit, se trouvent la chaîne simple ou double et l'accouplement, qui doivent être évidemment réservés pour les individus en cours de peine.

Les récidivistes ne devant avoir aucune condamnation à purger lorsqu'ils débarqueront à la Nouvelle-Calédonie, nous estimons qu'il serait inique de les soumettre à une discipline de ce genre. Nous en dirons autant du régime militaire dont la nécessité ne paraît pas démontrée à l'égard d'individus qui, après tout, ne seront transportés que par mesure préventive.

En principe, le droit commun rigoureusement appliqué
sera suffisant pour maintenir l'ordre parmi eux. Peut-être
sera-t-il inefficace sur certains points, en ce qui concerne la
répression du vagabondage, de la paresse et de l'insubordination. Mais il sera facile de combler ces lacunes en ajoutant à
la loi une disposition spéciale interdisant aux récidivistes de
s'éloigner sans autorisation des limites du village qui leur
aura été assigné comme résidence. En cas d'infraction, ils
seraient déférés au tribunal correctionnel, comme coupables
de rupture de ban.

Quant à la paresse et à l'insubordination, elles trouveraient
leur châtiment dans le retranchement des rations de vin et de
tafia, la réduction des salaires pour les transportés engagés
au service de l'Etat, dans le retrait des concessions pour les
concessionnaires.

Il appartiendra au règlement d'administration publique,
qui accompagnera la loi, de trancher toutes ces questions et
d'assimiler à la condition des récidivistes celle des forçats
libérés, qui ne devraient jamais être confondus avec les forçats
en cours de peine.

Telle devra être, dans son ensemble, l'organisation du régime qui nous semble le plus propre à développer chez les récidivistes le goût du travail et à assurer les progrès de la colonisation. Il serait téméraire de notre part de vouloir descen-
dre davantage dans les détails des difficultés pratiques que le
gouvernement ou plutôt l'administration pénitentiaire sera
appelée à trancher. S'agissant en effet de mesures qui devront être prises à trois mille lieues de la métropole, n'est-ce
pas le cas d'appliquer la maxime que, si on peut gouverner de
loin, on n'administre bien que de près?

Peut-être, au lieu de répartir les nouveaux venus par groupes composés d'éléments disparates, l'administration jugera-
t-elle à propos de les diviser en *classes*, suivant le système
adopté pour les forçats en cours de peine, de façon à envoyer

les malfaiteurs les moins dangereux construire des villages et défricher le sol pour leur compte, et à employer elle-même les plus pervertis à des travaux de carrière et de mine. Ce système, qui est le plus avantageux au regard des condamnés, présente quelques inconvénients vis-à-vis des récidivistes libérés.

Mais, de quelque manière qu'on organise le travail, il importe surtout de l'organiser rapidement. Dix mille récidivistes au moins peuvent tomber à la charge de l'administration pénitentiaire dans l'espace de deux ou trois ans. Si l'esprit d'initiative lui faisait défaut, si les premiers temps devaient être gaspillés en essais infructueux et en tâtonnements de toute sorte, les environs de Nouméa et les pénitenciers occupés par les forçats seraient infestés d'individus oisifs et affamés. De cette situation naîtraient les plus grands désordres : la sécurité de la colonie et l'avenir même de la transportation seraient compromis.

CHAPITRE VIII

DES OBJECTIONS QUI PEUVENT ÊTRE FAITES AU SYSTÈME DE LA TRANSPORTATION DES RÉCIDIVISTES.

Si, comme tout le fait espérer, le Parlement est saisi dans un délai rapproché d'un projet de loi sur la transportation des récidivistes, on peut s'attendre à voir développer à nouveau devant lui toutes les critiques qui ont été élevées dans certains ouvrages et à la tribune contre le principe même de de ce système.

C'est, dira-t-on, un procédé empirique qui a pour but de déplacer, de reculer le mal au lieu de le guérir. Si certains récidivistes, après avoir subi de nombreuses condamnations et

plusieurs années d'emprisonnement, sont, à bon droit, considérés comme des hommes vicieux, incorrigibles, que peut-
on attendre de leur éloignement? N'auront-ils pas, au-delà
des mers, à deux ou trois mille lieues d'ici, la même horreur
pour le travail? Ne chercheront-ils pas leurs moyens d'existence dans la mendicité, le vagabondage, le vol, le meurtre
même?

Nous répondrons d'abord que les récidivistes ne pourront
ni mendier, ni vagabonder dans la colonie; car ces industries
ne sauraient leur permettre de subsister. Une vingtaine de
mille de malfaiteurs disséminés dans toutes les parties du territoire français peuvent bien vivre aux dépens de trente-six
millions d'habitants; mais, lorsque dans cinq ou six années ils
se trouveront réunis en Nouvelle-Calédonie, ils ne pourront
trouver, dans l'exercice de leur ancien métier, les mêmes
ressources auprès des rares habitants de cette île. On ne peut
admettre que quelques milliers de colons laborieux consentent à nourrir du produit de leur travail des paresseux, en
aussi grand nombre, qui se croiseraient les bras pendant
toute la durée du jour. Quand même ils le voudraient d'ailleurs,
ils ne le pourraient pas. Il est donc bien certain que, dans le
cercle de quelques lieues de rayon où les récidivistes seront
resserrés, la mendicité et le vagabondage leur seront inter-
dits par la force des choses. Les conditions de leur existence
seront ainsi totalement changées : pour vivre, ils devront travailler. Chez nous, le vagabondage n'est particulièrement
affectionné des malfaiteurs qu'à raison des occasions de voler
qu'il leur fournit. Là-bas, plus de vagabondage, partant plus
de vol. S'il est vrai que la nécessité rend les hommes ingé-
nieux, il est encore bien plus vrai qu'elle les rend laborieux,
même lorsqu'ils sent les pires ennemis du travail.

La transportation n'est donc pas un remède empirique :
elle purgera la France de malfaiteurs complètement dé-
sœuvrés, et dans la colonie, elle les transformera en véritables

travailleurs. Ce n'est pas un vœu chimérique, c'est une vérité évidente que nous formulons. Nous n'attribuons pas à un voyage au delà des mers la vertu magique de dépouiller ces individus de leurs instincts vicieux, mais nous sommes convaincu que leurs instincts vicieux seront paralysés par les conditions nouvelles de leur existence. Les dangers qu'ils font courir à la société disparaîtront : la difficulté ne sera pas seulement reculée, elle sera vaincue. Que dans un semblable milieu les mœurs deviennent patriarcales, nous n'osons l'espérer. Mais, quelles qu'elles soient, elles seront meilleures que dans les prisons où les récidivistes seront appelés à traîner le reste de leurs jours s'ils sont maintenus en France. Les travaux pénibles des champs auxquels ils se livreront leur procureront le sommeil et l'appétit ; leur santé, plus ou moins ébranlée par les désordres de leur vie passée, s'améliorera peu à peu. A tout prendre, ils seront moins malheureux ; ils jouiront même d'un bien-être relatif. Pour eux, comme pour la société, ce nouveau régime sera un grand bienfait.

On a prétendu aussi que la transportation ne possédait pas un caractère suffisant d'intimidation, que les malfaiteurs devaient quitter sans regret leur sol natal auquel ils ne sont attachés ni par les liens de l'intérêt, ni par ceux de l'affection, et enfin que la perspective d'un long voyage, loin d'être effrayante pour leurs esprits aventureux, devait plutôt les séduire.

Ces objections ne nous paraissent pas fondées. Non, les récidivistes s'éloignant de leur sol natal sans esprit de retour, ne s'en éloigneront pas avec gaieté de cœur. Presque tous ont perdu de vue depuis longtemps le clocher de leur village pour entreprendre un tour de France interminable. Mais ce qui prouve bien qu'ils tiennent cependant à résider en France, c'est que, dans leurs pérégrinations continuelles, peu d'entre eux entreprennent le tour du monde et dépassent même nos frontières. Le voyage lui-même pourra ne pas les désespérer, mais au bout de ce voyage ils entreverront l'obligation de la résidence perpétuelle dans une île située à trois mille lieues des côtes de France et, à cette pensée, ils éprouveront dans l'âme de cruelles étreintes.

Aussi sommes-nous bien persuadé que beaucoup de malfaiteurs ayant déjà encouru, dans beaucoup de circonstances, les sévérités de la justice, surveilleront désormais leur conduite pour éviter la goutte d'eau qui ferait déborder le verre, c'est-à-dire la condamnation nouvelle qui comblerait la mesure.

On a pu voir dans les maisons centrales un certain nombre de réclusionnaires (pour lesquels le minimum de la peine est de cinq années) envier le sort des forçats transportés et commettre même des crimes pour aller les rejoindre. Il n'y a rien d'étonnant à ce que de semblables pensées hantent le cerveau de quelques-uns de ces misérables auxquels on pourrait faire une triste application de ces vers de La Fontaine :

> Notre condition jamais ne nous contente:
> *La pire est toujours la présente.*

Au sein de la monotonie désespérante des prisons où ils traînent leur existence, la soif de l'inconnu les dévore et l'illusion leur est bien permise. Mais cette illusion ne pourra plus désormais entraîner de conséquence fatale pour leurs gardiens et leurs codétenus, car une loi votée pendant la dernière législature a décidé notamment que la peine des travaux forcés prononcée pour crime commis dans une prison sur la personne d'un gardien ou d'un détenu serait subie dans la prison même. Les forfaits que le législateur a eu pour but de prévenir étaient heureusement assez rares ; mais, lors même qu'ils auraient été fréquents, ils n'auraient pas suffi à établir que la transportation n'intimidait pas les malfaiteurs. Il nous serait facile de prouver le contraire si la suppression

du régime inauguré pour les forçats par la loi de 1854 était
en cause ; mais il n'en est rien. Nous admettrons même, si
l'on veut, contre toute évidence, que le principe de cette loi
soit vicieux. En faisant une semblable concession aux adversaires de la transportation des forçats, nous n'affaiblirons
nullement la thèse que nous soutenons. A quelle catégorie
d'individus demandons-nous, en effet, l'application de cette
mesure ? A des récidivistes incorrigibles qui auront subi
toutes les condamnations à l'emprisonnement ou à la réclusion prononcées contre eux. Il ne s'agit donc pas de les punir,
de les intimider, puisqu'ils ont expié leurs fautes; il s'agit
simplement, leur passé ne permettant pas de bien augurer de
leur avenir, de les empêcher de nuire désormais à la société.
A ce point de vue notre thèse est donc inattaquable.

Comme il est évident pour nous, quoi qu'on en dise, que
les récidivistes ne seront pas séduits par la perspective de la
transportation qui devra les atteindre à l'expiration de leur
peine, nous croyons qu'il y aura lieu de prendre quelques
précautions pour déjouer les ruses que quelques-uns d'entre
eux ne manqueront pas d'employer afin de se mettre à l'abri
de la nouvelle loi. La plupart d'entre eux sont nomades et
par suite inconnus des agents qui les arrêtent et des magistrats devant lesquels ils comparaissent. Sachant donc quel
intérêt ils auront à tromper la justice sur leurs antécédents
judiciaires, ils dissimuleront avec soin leur identité. Dans ce
but ils emprunteront souvent le nom et l'état civil de quelque ancien camarade de prison dont le casier judiciaire sera
moins chargé. Mais, si M. le garde des sceaux prescrivait
d'inscrire à l'avenir sur tous les bulletins n° 1 des condamnations le signalement exact de ceux qui les auront encourues,
leurs mensonges seraient facilement démasqués. En compa-
rant leur signalement véritable avec celui qui serait mentionné
sur le bulletin n° 2 qu'ils se seraient procuré, les magistrats
s'assureraient si leurs déclarations ont été sincères. S'ils re-

6

fusaient par hasard de répondre aux questions qui leur seraien
faites à ce sujet, les magistrats pourraient faire circuler leur
photographies dans toutes les maisons centrales, et dans les
maisons des chefs-lieux de département où elles seraient,
selon toute vraisemblance, reconnues par le personnel des
surveillants.

On peut objecter aussi que la transportation des récidivistes entraînera pour l'Etat des frais considérables ; mais
il ne faut cependant pas tomber dans l'exagération. Sans
doute il faudra augmenter l'effectif des troupes de la colonie
et multiplier les brigades de gendarmerie pour assurer le
maintien de l'ordre, créer de nouveaux emplois de surveillants, etc..., faire face aux frais de transport et procurer enfin
aux transportés lors de leur débarquement, les instruments
nécessaires à leur travail. Mais toutes ces dépenses réunies ne
formeront pas chaque année un chiffre effrayant. L'entretien
annuel d'un forçat coûte à l'Etat 380 francs. Mais les récidivistes ne seront pas appelés à suivre un régime aussi coûteux ;
la plupart d'entre eux, qu'ils soient concessionnaires ou engagés chez l'habitant, vivront du produit de leur travail. Quant
aux individus que l'Etat devra employer aux travaux agricoles,
dans les mines, les carrières ou les services publics, il est possible qu'ils ne l'indemnisent pas des dépenses qu'ils lui oc-
casionneront, mais l'écart entre ces dépenses et le produit de
leur travail devra être peu important. D'ailleurs, si tous ces
repris de justice étaient maintenus en France, leur présence
n'y serait-elle pas onéreuse pour l'Etat et pour les particuliers ?
La moitié de leurs jours s'écoulerait dans les prisons, dans
les hôpitaux, dans les dépôts de mendicité, et là, il faudrait
bien pourvoir à leur subsistance. Lorsqu'ils seraient libres,
ils prélèveraient, par le vol ou par la mendicité, une dîme importante sur le travail de leurs concitoyens.

S'ils étaient maintenus en France, qui pourrait prévoir les
progrès effrayants que la récidive et la criminalité y feraient

dans une période de vingt années, de dix années même? Qui pourrait répondre que la sécurité n'y serait pas bientôt compromise ? Quoi qu'il en coûte, il faut donc qu'ils disparaissent à bref délai. De même que les particuliers, l'État peut reculer devant des dépenses de luxe, d'agrément ou de simple utilité; mais, à moins d'aveuglement, funeste avant-coureur de sa ruine, il ne peut reculer devant une dépense nécessaire pour combattre la plus terrible de toutes les plaies sociales.

Ce qui fait la richesse d'une colonie, dit-on encore, c'est l'émigration volontaire et l'émigration volontaire n'aura jamais lieu dans une île située à trois mille lieues de la mère patrie.

Nous reconnaissons volontiers, avec les auteurs de cette objection, qu'il est peu probable qu'un grand nombre d'honnêtes gens consentent à abandonner la France pour aller vivre au milieu des forçats libérés et des récidivistes. Mais ils vont trop loin lorsqu'ils soutiennent que le sort de la colonie dépend du mouvement d'émigration sans lequel il sera frappé de stérilité. Comme les émigrants volontaires, les transportés posséderont la terre et les outils ; comme eux, ils seront laborieux, sinon par bonne volonté, du moins par nécessité. L'intelligence même ne leur fera pas défaut, car la science du mal (et tous en sont doués) ne se niche pas d'ordinaire dans les cerveaux les plus faibles. S'il en est parmi eux qui ne brûlent pas du désir de faire quelques économies et d'amender, dans ce but, le coin de terre qui leur aura été concédé, la colonisation progressera plus lentement. En tout cas, le but de la transportation sera atteint, puisque les transportés subsisteront du produit de leur travail, au lieu de subsister comme aujourd'hui du fruit de leurs méfaits.

Les transportés anglais, les convicts, n'ont-ils pas fondé en Australie, sans le secours d'aucun émigrant, une colonie qui est aujourd'hui la plus prospère de toutes les possessions anglaises? Le premier convoi de convicts, conduit par le *commodor* Philipp, débarqua en Australie en 1788 et se fixa dans la contrée qu'on a appelée la Nouvelle-Galles du Sud. Là, on s'occupa d'abord de dresser des abris provisoires. Le gouvernement ayant omis de joindre aux convois un personnel de surveillants, Philipp confia aux convicts les moins mal notés le soin de maintenir l'ordre qui, du reste, ne fut pas sérieusement troublé. Bientôt les premiers fondements de la ville de Sydney furent posés à l'entrée de la baie de Port-Jackson. « Philipp, dit M. Michaux, dans son étude sur la question des peines, crée la cité, germe de la nation, puis aussitôt il s'occupe de culture. Les édifices viendront plus tard. D'abord des abris, le strict nécessaire, puis le travail productif, le travail qui nourrit; les récoltes paieront le reste. »

Bientôt les concessions se multiplièrent, le gouvernement introduisit de très bons troupeaux dans la colonie et la culture des céréales se développa.

Il se commit bien, dès les premières années, des vols assez nombreux ; mais les convicts, devenus propriétaires, montèrent la garde autour de leurs maisons et de leurs récoltes et réclamèrent des mesures de répression contre les voleurs. Huit années s'écoulèrent sans qu'il fût commis un seul assassinat.

« Une statistique, dit encore M. Michaux, dressée vingt-cinq années après l'arrivée des premiers convois de condamnés, constata que 13,000 hommes et 3,265 femmes avaient été importés et qu'il y avait eu déjà 9,000 naissances dans les colonies. »

Dans l'île de Van-Diémen, au sud de l'Australie, la colonisation, entreprise exclusivement par les convicts, avait fait les plus rapides progrès. Là, comme dans la Nouvelle-Galles, la transportation avait triomphé.

Bientôt l'industrie vint en aide à l'agriculture pour hâter le développement de la colonisation : on créa des usines, des manufactures qui enrichirent rapidement leurs propriétaires.

Mais la prospérité de Sydney et de Van Diémen attira de nombreux émigrants volontaires, qui surent profiter des voies ouvertes à la colonisation par les convicts. Pendant de longues années, ils les employèrent même à leur service sous le régime de l'*assignation*. Dès leur débarquement, les convicts étaient *assignés* à des patrons et les conditions de leur engagement étaient déterminées à l'avance par un règlement uniforme.

Mais du jour où le secours de leurs bras ne leur fut plus indispensable, les émigrants commencèrent à élever contre eux des récriminations.

Ils adressèrent au Parlement des plaintes multiples contre le régime de la transportation. Une première enquête parlementaire ayant eu lieu en Australie, elle eut pour résultat de marquer les convicts et leurs descendants de la tache originelle.

Les discussions orageuses qui s'engagèrent au sein du Parlement affaiblirent peu à peu le système de la transportation ; les bills de 1847, de 1853 et de 1857 y introduisirent des réformes dont l'application ne fut pas heureuse. La Nouvelle-Galles et l'île de Van-Diémen furent successivement exceptées des lieux de transportation.

Comme les colonies naissantes de l'Australie occidentale continuaient à demander des convicts, les autres États les menacèrent de cesser toutes relations avec elles ; en même temps ils assaillirent le gouvernement de la métropole de réclamations, de menaces même pour faire cesser la transportation à tout prix. Leurs demandes furent accueillies : au mois de novembre 1864, sir Edward Cardwell promit de la faire disparaître de tout le territoire australien dans un délai de trois années. En fait, bien que ce régime pénitentiaire n'ait jamais été aboli par les lois anglaises, il a cessé d'être appliqué depuis le mois de janvier 1868.

Ainsi les convicts ont fondé dans notre siècle la plus belle colonie du monde entier, et on a pu les appeler les pionniers de la civilisation. Mais, dès que leurs efforts ont abouti, les émigrants volontaires sont accourus pour en recueillir les fruits. Ils se sont érigés en caste privilégiée, notant d'infamie les convicts qui s'étaient régénérés par leur bonne conduite et leur travail ; enfin ils sont parvenus à faire établir sur les frontières de l'Australie ce que M. Michaux appelle avec raison la douane de la vertu.

Ainsi les transportés anglais ont préparé la fortune des émigrants, et les émigrants ont flétri les transportés et causé la ruine de la transportation. Quel mémorable exemple d'ingratitude !

Sic vos non vobis........!

A l'heure actuelle, la France n'a pas à redouter que l'émigration vienne faire échouer la transportation des forçats et des récidivistes en Nouvelle-Calédonie. L'heureuse expérience faite par nos voisins doit donc nous engager à suivre leur exemple. Si cependant, au bout de trois quarts de siècle, nous étions contraints, comme eux, de renoncer à diriger les repris de justice sur une colonie fondée par leurs pairs, nous pourrions trouver une autre terre plus hospitalière. Si nous devons toujours avoir parmi nous des malfaiteurs à expatrier, il y aura toujours loin de nous quelque coin du monde à coloniser.

TABLE

FIN DE LA TABLE.

9026. — Imprimerie de Ch. Noblet, rue Cujas, 13. Paris.

PARIS. — IMPRIMERIE DE CH. NOBLET

13, RUE CUJAS, 13